本专著系福建省教育科学"十四五"规划 2023 年"研究共同体"专项课题"基于'劳动思维广场'的中学跨学科主题学习研究"（编号：Fjygzx23-035）的成果。

地理教学与信息技术的融合实践

戴丰春　著

北京出版集团
北京教育出版社

图书在版编目（CIP）数据

地理教学与信息技术的融合实践 / 戴丰春著 .

北京：北京教育出版社，2025.6. -- ISBN 978-7-5704-

7724-1

　I . K9

中国国家版本馆 CIP 数据核字第 2025ZX7586 号

地理教学与信息技术的融合实践

DILI JIAOXUE YU XINXI JISHU DE RONGHE SHIJIAN

戴丰春　著

*

北京出版集团

北京教育出版社　出版

（北京北三环中路 6 号）

邮政编码：100120

网址：www.bph.com.cn

京版北教文化传媒股份有限公司总发行

全国各地书店经销

河北宝昌佳彩印刷有限公司印刷

*

710 mm×1 000 mm　16 开本　15.5 印张　228 千字

2025 年 6 月第 1 版　2025 年 6 月第 1 次印刷

ISBN 978-7-5704-7724-1

定价：88.00 元

前言

　　信息技术正以前所未有的速度改变着人类社会的生产和生活方式，同时深刻影响着教育领域的教学模式与实践。作为一门综合性、应用性较强的学科，地理学科不仅要求学生掌握自然环境与人文社会的知识，还要求学生具备一定的逻辑分析能力和空间思维能力。然而，传统的地理教学手段在传递知识和提升学生能力方面存在一定局限性，如教学方式单一、实践环节匮乏等。为此，地理学科急需通过新的技术手段的引入，构建更加高效、互动和个性化的教学模式。

　　近年来，在信息技术普及并得到广泛应用的背景下，多媒体技术、网络、地理信息系统等逐渐成为地理教学的重要手段。它们不仅改变了传统课堂的呈现方式，还为学生提供了更加直观、动态的学习体验，显著拓展了教学的深度和广度。但在实际教学中，信息技术的应用还存在一些问题，如教师的信息技术应用能力有待提升、教学资源整合有待优化等。因此，将信息技术与地理教学深度融合，探索一套理论与实践相结合的有效教学体系，成为当前地理学科改革的重要课题。本书正是在这一背景下展开研究的，力求为地理学科的教学提供新思路。

　　本书共分为六章。第一章概述了信息技术的基础知识以及地理教学的功能、目标、原则与方法。第二章分析了地理教学与信息技术融合的历程与趋势、意义与原则，地理教学与信息技术融合对教师和学生素质的新要求，以及信息技术支持下的地理教学环境。第三章探讨了地理教学与信息技术融合的理论基础，包括学习理论、教学理论、视听与传播理论和系统科学理论。第四章深入分析了地理教学与多媒体技术的融合，包括多媒体技术与多媒体地理教学概述、地理教学与多媒体技术融合的有效方法、多媒体地理课件的设计与制作及地理教学与多媒体技术融合的实践案例分析。第五章为地理教学与网络的融合，包括网络与网络辅助教学概述，网络环境下地理教学资源的检索、获取与应用，地理网络课程的设计与开发，慕课在地理教学中的应用和网络直播课堂在地理教学中的应用。第六章为地理教学与地理信息系统的融合，介绍了地理信息系统的基本知识，探讨了地理教学与地理信息系统融合的条件与方法，并对地理教学与地理信息系统融合的实践案例进行了分析。

本书具有以下三大特点。一是理论与实践相结合。本书在分析地理教学与信息技术融合的理论基础的同时，配合实践案例分析，帮助读者更好地理解和应用所学知识。二是内容全面且深入。本书涵盖多媒体技术、网络、地理信息系统的教学应用，涉及资源设计、方法探索和实践分析，全面展示了信息技术在地理教学中的潜力与优势。三是注重教育实践创新。本书不仅关注教学技术的应用，还对师生角色的转变进行了深度剖析，为推动地理教学模式的创新提供了可行路径。

由于笔者水平有限，书中难免存在不足之处，敬请广大读者批评指正。

目 录

第一章　信息技术与地理教学概述

第一节　信息技术概述

信息技术的快速发展，极大地扩展了信息传播和应用的广度，使得人们能够随时随地获取和交换信息。信息不仅成为社会经济活动的重要组成部分，还成为推动社会进步的强大动力。

一、信息技术的概念

信息是一种被加工为特定形式的数据。它不仅对接收者具有特定意义，还对人们当前和未来的活动产生深刻影响。

信息技术是获取、存储、处理、传递、使用信息的技术和方法的总称。它集通信技术、计算机技术和控制技术于一体，具体包括信息采集技术、信息存储技术、信息检索技术、信息处理技术和信息控制技术。

（一）信息采集技术

信息采集技术是指使用传感器、扫描仪、摄像头等设备，通过调查、观察等方法及其他手段获取原始信息的技术。信息采集是信息处理的第一步，其准确性和效率对后续处理产生重要影响。

（二）信息存储技术

信息存储技术涉及将采集到的信息以某种形式保存起来，以便未来访问和使用。这包括硬盘、光盘、磁带等物理存储介质，以及数据库、云存储等虚拟存储技术。信息存储技术的发展使得大量数据的长期保存和管理成为可能。

（三）信息检索技术

信息检索技术是指从存储的信息中快速、准确地找到所需信息的技术，包括搜索引擎技术、数据库查询语言等。信息检索技术使得用户能够从海量数据中迅速定位到所需信息，提高了信息检索效率。

（四）信息处理技术

信息处理技术是指对采集到的信息进行加工、分析和转换的技术，主要包括数据清洗、转换、聚合等操作，以及更复杂的数据分析、机器学习等技术。信息处理技术直接影响着信息的价值和应用。

（五）信息控制技术

信息控制技术是指对信息流动进行管理和控制的技术，包括访问控制、权限管理、信息安全等。信息控制技术能够确保信息的安全性和完整性，防止未授权访问和信息泄露，是维护信息安全的重要手段。

二、信息技术的特征

（一）社会特征

1. 更新速度快

信息技术的发展速度极快，新技术、新产品层出不穷。从早期的大型计算机到个人计算机，再到现在的智能手机和云计算，信息技术的更新换代极大地提高了工作效率，改善了生活质量。这种快速的更新换代意味着信息技术从业人员的知识和技能需要不断更新，以适应技术发展的变化。

2. 知识密集

信息技术是一个知识高度密集的领域，它要求从业人员具备深厚的专业知识，并不断提升专业技能。信息技术的进步依赖科研人员的思维创新和持续学习，同时，这也有利于推动教育和培训行业的发展，以满足对高技能人才的需求。

3. 极强的渗透力

信息技术具有极强的渗透力，如它已深入社会生活的各个领域。从教育、医疗到金融、交通，信息技术的应用无处不在。它在重塑产业结构和经济模式的同时，改变了人们的生活方式。信息技术的普及和广泛应用，使得信息资源得以充分利用，从而提高了社会运行的效率。

4. 风险性高

信息技术的快速发展带来了较高的风险。随着信息数字化和网络化的发展，信息安全问题日益突出。黑客攻击、数据泄露、网络诈骗等风险对个人隐私和国家安全构成威胁。因此，信息技术的发展需要严格的安全管理和法律规制，以确保信息的安全、可靠。

（二）技术特征

信息技术在技术层面的特征如图 1-1 所示。

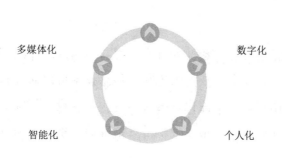

图 1-1　信息技术在技术层面的特征

1. 网络化

信息技术的网络化特征主要表现在以下四点。①信息技术通过将具备独立信息处理能力的计算机系统连接到一起，形成一个全新的网络环境，实现了信息资源、硬件资源及软件资源的共享。②网络化交流依托网际互联协议和传输控制协议保证信息传输的安全性，从而使网络信息得以安全、高效地交换。③处于网络化信息检索中的用户与主机的关系发生变化，使得原有联机检索中的主从关系随之改变，转变为服务器与客户的等同关系。④从局域网到广域网再到国际互联网，网络的发展速度迅猛。被称为"信息高速公路"的高速信息传输网络，成为信息传输和网络发展的核心支撑。

2. 数字化

数字化是指信息通过电磁介质或半导体存储器以二进制编码方式进行传输和处理，实现了影像、图形、声音、文字等多种信息形式的统一和结合。数字化使得信息的复制、传输和处理变得更加高效和精准，同时为信息的长期保存提供了可能。数字化推动了大数据、云计算等技术的发展，使得从海量数据中提取有价值的信息成为可能，为科学决策提供了强有力的支持。

3. 个人化

个人化指信息技术能够根据个体的需求和偏好提供定制化的服务。随着人工智能和机器学习技术的进步，信息技术可以通过分析用户的行为和偏好，为用户提供个性化的内容推荐、广告投放等服务。个人化不仅丰富了用户体验，还为企业带来了更精准的市场定位和更高的客户满意度。

4. 智能化

信息技术的智能化特征通过以下四个领域体现。①日常工作领域。

借助计算机支持的协同工作环境与智能多媒体，实现影像、文字、符号和声音的快速处理与识别。②信息系统领域。智能信息系统为用户提供学习、推理与检索功能，并通过自然语言实现人机交互。③通信领域。智能通信网具备自我修复功能，能够在网络因故障中断时迅速恢复正常运行。④计算机领域。通过超级智能芯片、神经网络计算机等，计算机逐步具备模仿人脑的适应和判断能力的潜力。

5. 多媒体化

当前，对信息进行处理通常需要多种媒体的参与，并非通过一种媒体即可实现。

三、信息技术在教育中的作用

（一）作为学习检测工具

作为学习检测工具，信息技术可以通过多样化的方式帮助教师和学生设计、追踪、检查学习过程，并进行效果评估与反思。借助信息技术，教师可以实现对学习目标的精准定位，并通过数据分析工具监测学生的学习进度与表现，及时发现问题并采取有效的干预措施。例如，在线测评系统能够提供即时反馈，帮助学生了解自己的薄弱环节，为个性化学习提供依据。此外，教师可以通过学习管理系统对学生的课堂参与度、作业完成情况和测试成绩进行全面分析，从而优化教学设计与策略。信息技术还能够记录学习过程中的细节数据，为后续的反思与改进提供科学依据。总的来说，信息技术作为学习检测工具，不仅能提高检测的效率与准确性，还能推动教育质量的提升。

（二）作为媒体

作为媒体，信息技术承担着呈现和传递各种类型教学信息的任务。

在教学过程中，信息技术可以将文字、图片、音频、视频等多种形式的信息融合呈现，为学生提供多维度的知识体验。例如，教学视频、虚拟实验和交互式课程资源能够通过生动形象的方式传递复杂的概念和原理，从而提升学习的趣味性与效果。此外，基于信息技术的在线教学平台能为远程教育提供技术支持，从而使教育资源突破时空限制，覆盖更广范围的受众。作为媒体，信息技术还可以实现教学内容的动态更新和实时共享，为教育教学增强灵活性与创新性。总之，信息技术作为媒体既增强了教学的表现力，又提高了教育资源的传播效率。

（三）作为信息工具

作为信息工具，信息技术可以帮助学生对各种类型的数据资料进行加工、处理，并设计生成新的信息。借助信息技术，学生可以利用数据库、电子表格、图表工具等技术手段，对复杂的数据信息进行分类整理、分析与可视化呈现。例如，在地理、历史或科学课程中，学生可以通过地理信息系统或数据建模软件探索真实世界的问题，从而培养数据分析能力与批判性思维。信息技术还支持学生在原有知识的基础上创造新内容，如设计课件、制作视频或制订项目方案。这不仅能拓展学习的深度与广度，还能提高学生对知识的掌控能力。总的来说，作为信息工具的信息技术，能够使教育变得更加主动，更具创造性与个性化。

（四）作为社群工具

作为社群工具，信息技术支持并促进学生与学习社群成员的交往互动。信息技术通过构建虚拟学习环境、社交媒体平台或协作工具，为学生提供便捷的沟通渠道和协作空间。例如，学生可以通过在线论坛、小组协作平台或视频会议系统，与学习社群成员或教师实时互动，分享学习经验、解决问题并共同完成任务。这种社群化的学习方式，不仅能增强学习的参与感，还能更好地促进知识的共建与共享。信息技术支持跨地域的协作与交流，使得学生可以接触和了解更广泛的观点与文化，从而开阔视野。总的来说，作为社群工具的信息技术，赋予了教育更强的社会性与互动性，为培养学生的协作能力、开阔学生的全球视野提供了有力支持。

四、现代教育技术

（一）现代教育技术的内涵

"教育技术"一词源自美国，随后被引入其他国家，并逐渐发展为一门学科。具体来说，教育技术是为了促进学习，对有关的过程和资源进行设计、开发、利用、管理和评价的理论与实践。[①] 从这个定义可以看出，教育技术的研究性质是理论与实践；教育技术的研究对象是学习过程和学习资源；教育技术的研究目的是促进学习；教育技术的研究范畴是设计、开发、利用、管理和评价。

"现代教育技术"是20世纪90年代后在国内被广泛使用的一个术语，是指运用现代教育理论和现代信息技术（包括计算机技术、多媒体技术、网络、人工智能等），通过对教与学的过程和资源进行设计、开发、利用、管理和评价，以实现教育最优化的理论与实践。[②] 与教育技术的定义相比，现代教育技术的定义强调运用现代教育理论和现代信息技术研究学习过程、教学过程。现代教育技术追求的目标是实现教育最优化。我们可以从以下四个方面来理解该定义的基本思想。

1. 现代教育技术以现代教育理论为指导

现代教育技术依托的现代教育理论包括现代教学理论和现代学习理

---

① 张一春.教育技术研究方法 [M].南京：南京师范大学出版社，2008：347.

② 公成敏.教育科学与技术在数学课堂教学优化中的应用研究 [M].成都：电子科技大学出版社，2019：12.

论。它们为教育技术的应用和发展提供了理论基础。比如，布鲁纳的结构发现教学理论、赞科夫的发展性教学理论、巴班斯基的教学最优化理论，以及行为主义学习理论、认知主义学习理论和建构主义学习理论，都为现代教育技术的应用与实践指明了方向，使之能够更好地推进素质教育，培养学生的创新精神和实践能力。

2. 现代教育技术以信息技术为主要手段

信息技术包括计算机技术、微电子技术和通信技术等，在学校教育中运用较多的为多媒体与网络技术。它们为教学资源的数字化和信息化提供了可能，同时极大地丰富了教学方法，提高了教学效率，还带来了新的教学模式，为学生创设了更为活跃和自主的学习环境。

3. 现代教育技术关注的是教与学的过程和资源

在现代教育技术的框架下，教师和学生不仅是知识的传递者和接受者，也是教学资源的开发者和使用者。通过优化教学资源，如建设信息化的教学环境、开发信息化教学软件、探索并构建新型的教学模式，现代教育技术能够有效地推动教学质量的提升。

4. 现代教育技术注重对系统方法的运用

系统方法包括对教与学的过程和资源进行设计、开发、利用、管理和评价。它关注教育教学过程中各步骤的精心设计和实施，强调教学各要素的有序进行，同时需要随时进行评价和修正，以确保教学过程的有效性和高效性。

（二）现代教育技术的时代意义

1. 推动教育信息化的实施

教育信息化是指在教育领域的各个方面全面深入地应用现代信息技术，以此来推动教育的全面改革与发展。从技术层面看，教育信息化的特点是网络化、数字化、智能化；从教育层面看，教育信息化的特点是开放、交互、共享。它是教育现代化的必由之路，也是构建终身教育体系的有效途径。如今，世界各国都加快了教育现代化的步伐，而教育信息化无疑成为衡量一个国家教育现代化发展的重要标准。现代教育技术作为一种以现代信息技术为主要手段的教育方法，无疑能够有力地推动教育信息化的实施。

2.促进教师的专业化发展

随着信息化时代及知识经济社会的到来，国家和社会对教师的要求越来越高。在这一背景下，教师应不断提高对自身的要求及综合素养，从而实现专业化发展。现代教育技术作为在教育教学中应用越来越普遍的一种教学手段，对促进教师的专业化发展发挥着重要作用，主要体现在以下三个方面。

第一，能够为处于不同地域的教师提供交流的机会。教师间的交流是促进教师专业化发展的一条有效路径。现代教育技术打破了空间的限制，使得处于不同地域的教师也能便捷地展开交流，进而使教师在更大范围的交流中获得提升。

第二，能够为教师提供专业的学习内容。教师在专业化发展的过程中，需要不断学习，而现代教育技术为教师寻找专业学习内容提供了便利。

第三，能够为教师的教学研究提供新的方法和手段。教师的专业化发展提倡教师做研究型教师，发现、分析和解决教学问题是研究型教师的必备技能，现代教育技术为教师向研究型教师的转变提供了有效的研究工具、手段和方法。①

---

① 刘军，黄威荣.现代教育技术 [M].北京：北京师范大学出版社，2010：9.

3.促进教育的均衡发展

现代教育技术的发展使线上教育变得越来越普遍，这打破了传统教育的空间限制，极大地促进了教育的均衡发展。具体而言，现代教育技术对教育均衡发展的促进作用主要体现在两个方面：一方面是现代教育技术促进了教育资源的共享；另一方面是现代教育技术促进了教育机会的均等。

4.促进创新型人才的培养

在全球化和信息化的时代背景下，创新型人才的培养对国家竞争力的提升和社会的发展至关重要。现代教育技术在培养创新型人才方面具有重要作用。它通过提供丰富的数字资源和互动平台，激发学生的学习兴趣和创造力，帮助学生构建跨学科的知识体系。教育技术的应用使得教学活动更加灵活、多样化，如项目式学习、翻转课堂等新型教学模式，能够有效地培养学生的创新思维和问题解决能力。此外，现代教育技术还支持学生进行自主学习，通过在线课程、虚拟实验室等资源，支持学生在课堂之外继续探索和学习，这有助于培养他们的终身学习能力和适应未来社会的能力。

第二节　地理教学的功能

一、德育功能

（一）思想政治教育功能

1.增强学生的爱国情感

地理教学能够有效增强学生的爱国情感。例如，在地理教学过程中，教师通过展示国家优越的地理位置、广袤的领土、丰富的自然资源及壮美的自然风光，可以激发学生对祖国山河的热爱和民族自豪感；通过讲解国家在经济、城市建设及交通等领域取得的重大成就，能够彰显国家的发展成就及制度优势，增强学生对国家的认同感、自豪感。

2.培养学生的全球意识

地理教学可以培养学生的全球意识。全球意识注重从多元文化视角出发，尊重东西方文化的差异与各国国情，强调全球化与区域化趋势并存。此外，全球意识不仅可以引导学生认识发达国家与发展中国家的合作潜力，理解政治平等与经济互补的重要性，还强调正确的开放观，既反对封闭保守，又拒绝盲目崇洋。在地理教学中融入全球意识教育，不仅能够帮助学生开阔视野，还能够培养他们的批判性思维和全球公民意识，为推动人类共同发展奠定思想基础。

3.助力学生树立科学的世界观

地理教学能够帮助学生树立科学的世界观。自然地理教学通过展示自然界的变化规律和系统联系，引导学生理解自然界中普遍存在的对立统一关系和因果联系，培养学生的自然辩证观。人文地理教学则注重揭示人类社会发展的历史规律，帮助学生认识人类活动与地理环境之间的互动关系，形成历史辩证观。其中，在人地关系教学中，学生可以深入理解自然与人类社会之间的相互依存与动态平衡关系，从而认识到可持续发展的必要性与重要性。地理教学的辩证唯物主义教育，不仅能够提升学生的科学思维能力，还能够帮助他们用全面、联系和发展的视角看待自然与社会，为理性分析与解决实际问题提供思想指导。

（二）个性品德教育功能

1.培养学生的科学态度和创新意识

地理教学在培养学生科学态度和创新意识方面具有重要教育价值。

自然地理教学通过揭示自然现象背后的变化规律，引导学生了解客观世界的运行机制，从而培养其实事求是的科学态度，激发其对未知领域的好奇心，增强其探索自然奥秘的兴趣和动力。人文地理教学则通过对社会现象及其发展规律的分析，帮助学生树立理性、客观的思维方式，提高其运用科学方法分析和解决社会问题的能力。总的来说，地理学科涵盖自然与人文等广泛领域，既培养学生的跨学科思维，又鼓励学生在复杂问题中寻找创新解决路径。

2.增强学生的环境伦理意识和社会生态责任感

地理教学可以增强学生的环境伦理意识和社会生态责任感。环境伦理教育不仅是地理教学的内在功能，更是一项关乎人类可持续发展的重大教育使命。通过分析环境问题，地理教学能够帮助学生深入理解环境问题的伦理维度，从善恶的角度进行道德评判，从而激励学生选择对环境友好的行为方式，摒弃破坏环境的行为，促进学生形成尊重自然、珍视生态平衡的价值观。同时，社会生态教育通过揭示人类社会与自然环境的互动关系，帮助学生认识协调人地关系的关键所在。在地理教学中，通过剖析社会生态失衡的案例及其影响，学生可以更深刻地理解生态破坏的后果及其对社会的不良影响。反之，通过展示社会生态协调的典范，地理教学能够引导学生树立正确的社会生态观，让他们认识到生态保护与社会发展的共生关系。

3.培养健康的个性和良好的人际关系

地理教学在培养学生健康个性和良好人际关系方面具有重要作用。地理教学以全球视角和本地情境为切入点，引导学生关注与社会发展密切相关的重大问题。这不仅能帮助学生树立远大的理想和积极的价值观，还能通过探索和实践培养学生务实的态度与坚韧的意志，从而塑造其健康的个性品质。此外，地理教学鼓励学生在面对环境与社会挑战时培养艰苦奋斗的精神，这种内在驱动力有助于促进学生的个人成长与增强学生的社会责任感。

在人际关系方面，地理教学中的人文精神和社会生态理念，通过案例和实践活动，使学生理解竞争与合作在个人与社会发展中的共存关系。地理教学强调全球化背景下国家间的合作与共赢逻辑，这种思维方式在课堂团队合作中得以体现。复杂地理问题的解决往往依赖群体协作，教学活动通过模拟与实践，帮助学生体验竞争与合作的关系，从而培养其团队精神与协调能力。

二、智育功能

（一）知识教育功能

1. 传授地理基础知识

中学是学生智力发展的重要阶段，学生在这一阶段所学的知识大多是基础知识。因此，中学阶段地理教学的一个重要作用就是向学生传授地理基础知识，包括感性知识和理性知识两类。

（1）地理感性知识。地理感性知识包括地理名称、地理分布、地理景观、地理演变以及地理数据等内容。这些具体、直观的事实材料反映了地理现象的表面特征和外部联系，为学生进一步理解地理概念和规律提供了关键支持。

地理名称作为感性知识的核心部分，是地理认知的基础。它不仅用于准确描述和区分不同的地理事物，还在经济建设、国防布局及日常生活中发挥着重要作用。掌握地理名称体现了个人的基本地理素养，是进一步学习其他地理知识的基础。

地理分布通过呈现各类自然和人文地理要素的空间分布，帮助学生认识地理事物在不同区域的分布特征。这种空间化的感性知识能够在地图上清晰展现，有助于培养学生的空间思维能力，为理解地理现象的区域差异奠定基础。

地理景观通过反映自然和人文景象的形态特征，使学生对地理事物形成生动的直观印象。这种感性认识不仅增强了地理学习的趣味性，还为学生进一步分析和总结地理规律提供了视觉支撑。

地理演变知识揭示地理事物的动态变化过程，包括自然地理和人文地理的演变。通过了解地壳运动、水循环等自然变化，以及城市发展、工业迁移等人文进程，学生能够建立起对地理现象的时间维度观念，深化对地理事物的理解。

地理数据以量化的形式反映地理事物的特征与差异，通过定量分析提升学生对地理规律性现象的认知能力。数据化的感性知识在比较分析中尤为重要，为理性知识的形成提供了依据。

（2）地理理性知识。地理理性知识反映了地理现象的本质特征及内在联系。相较于地理感性知识，地理理性知识更具概括性和抽象性，主要包括地理特征、地理规律和地理成因三大部分。

地理特征是分析地理事物共性与个性的基础，包括一般特征、个体特征和区域特征。例如，通过研究河流的特征，我们可以总结其流域特性及水文规律。区域特征则整合了区域内的自然与人文特性，能够帮助学生从空间维度理解地理现象的综合性。

地理规律揭示了地理现象之间的必然联系，分为演变规律和分布规律两类。演变规律强调地理现象在时间维度上的动态变化，如水循环或城市化进程等；分布规律则关注地理现象的空间特性，如气候带分布或经济活动布局等。掌握这些规律，学生能够综合分析地理数据，预测趋势并解释背后的逻辑。

地理成因是地理理性知识的核心，指深入探讨地理特征和规律背后的因果关系。例如，通过分析河流的形成原因，学生可以理解其流向、径流量及生态作用。成因分析不仅能帮助学生回答"为什么"的问题，还能提升其逻辑推理与系统思考的能力。

2.培养地理基本技能

培养学生的地理基本技能就是培养学生将所获得的地理知识用于实践的能力，即实际运用地理知识的能力。只有掌握了地理基本技能，学生才能巩固所学的地理基础知识，并经过反复运用，进一步加深对基础知识的理解。这种反复运用的过程，就是地理教学中的练习。练习不仅可以培养学生的地理观察能力、地理想象能力、地理记忆能力、地理思维能力和实际操作能力，还可以充分调动学生的学习积极性、主动性，拓展学生的学习思维，使学生理解学习过程，掌握学习方法，提高教学效果。

学生掌握一定的地理基本技能，不仅是获取和运用地理知识的必备条件，还是提高自身地理能力、发展自身智力的重要途径。因为学生在学校的时间是有限的，只通过课堂学习更是无法将所有知识学到手，所以教师培养学生独立获取新知识的能力比传授知识更为重要。这就要求教师在教学中一定要运用各种教学手段，采用多种方法和途径让学生掌握基本技能，使其能够独立获取新知识。

（二）能力教育功能

1.增强学习能力

学习能力的培养贯穿地理教学的全过程。地理教学的目的不仅在于传授知识，还在于培养学生独立学习和思考的能力。地理学科涵盖自然与人文等多个领域，知识边缘性、交叉性、综合性显著。通过学习，学生能够发展跨学科的学习能力，如整合文理知识的能力和分析多因素相互作用的能力。

此外，地理教学形式多样，包括观察、实验、绘图等，这既要求学生动脑，也需要学生动手，从而提升学生的读图、绘图、操作及逻辑推理能力，同时促进学生观察力、记忆力、想象力等多种智能的发展。通过丰富的学习活动，学生还可以增强自学能力、团队学习能力以及在不同情境下的社会学习能力。这些能力的培养，使学生能够在课堂内外不断丰富知识储备，为终身学习奠定坚实基础。

2. 增强实践能力

地理教学具有很强的实践性，因此在实践能力培养方面具有独特的优势。长期以来，学校教育存在一个误区，即将地理教学中实践能力的培养看作单纯技能的培养，这贬低了地理教学在能力培养方面的价值。其实，地理教学所培养的实践能力同所培养的学习能力一样，都是由智能和技能组成。在地理教学过程中，实践能力与学习能力发展的机会都很多，学习—实践—再学习—再实践，如此循环往复，是地理教学中能力发展的必由之路。实践并不仅仅是学习成果的简单再现，还是学习成果在新情境中的应用和升华，从而促进学生学习能力与实践能力的双重发展。

3. 增强创新能力

创新能力教育是能力教育中最高层次的教育。地理教学在创新能力培养方面也有其独特的优势，表现为学生在地理课堂上动脑动手的机会更多、眼界更开阔，这是创造能力形成的沃土。

地理教学内容有较多闪耀着创造性光辉的范例。从科学假说到科学技术，从古代、近代到现代，地理教学拥有较多的创新能力教育案例，如有待探索的重大问题、有待破解的科学之谜，这对激发学生的创新意识非常有利。

地理教学中思维能力的培养，既有收敛式的，又有发散式的；既有正向的，又有逆向的；既有归纳演绎，又有类比推理；既有逻辑思维，又有辩证思维。地理教学中突出的智能培养是想象能力，其中包括再造性想象与创造性想象。这些都有助于创新能力的培养。

三、美育功能

（一）自然美教育

地理教学中的自然美教育旨在引导学生通过学习自然地理现象，感受大自然的壮丽与和谐美。地理教学涉及丰富的自然景观，如山川河流、森林草原、海洋湖泊等。这些景观不仅展现了自然界的独特美感，还传递了生态系统的平衡与演变之美。通过对自然景观的描述和分析，学生能够体验到自然环境的多样性和整体性，从而增强对自然的热爱与保护意识。此外，地理教学还通过展示自然现象的动态过程，如季节变化、水循环、火山喷发等，进一步激发学生的感性认知和审美情趣。自然美教育不仅能使学生欣赏自然之美，还能帮助他们理解人与自然之间的依存关系，促进他们生态文明观的形成。

（二）人文美教育

地理教学中的人文美教育通过对人类社会及文化的探讨，展现人类创造的艺术之美。人文地理课程中涉及城市建筑、文化景观、农业生态等内容，这些内容是人类智慧与劳动的结晶。学生在学习过程中，通过对不同文化、区域发展及社会进步的认知，能够感受到多样化的人文魅力，增进对人类文化遗产的尊重与欣赏。同时，地理教学揭示了人类活动与自然环境的互动过程，使学生理解不同地域文化特色的形成原因及对世界文化多样性的贡献。通过人文美教育，地理教学能够激发学生对人类创造力的敬意，培养其对文化差异的宽容与理解，为促进全球化背景下的文化交流奠定基础。

（三）人地协调美教育

人地协调美教育是地理教学中美育的重要组成部分，通过揭示人与自然和谐共生的关系，引导学生领悟生态平衡与可持续发展的价值。地理教学涉及诸如环境保护、资源利用、城市规划等内容，展示了人类在与自然的互动中追求平衡的智慧与实践。通过案例分析和区域研究，学生能够理解合理利用自然资源的重要性，并感受人类在构建和谐美好家园中的努力。人地协调美还体现在学生通过对环境问题解决方案的学习，激发对未来可持续发展的憧憬。通过这种教育，地理教学不仅能够培养学生的审美能力，还能够增强学生的社会责任感，使其在追求发展的同时注重环境的保护与资源的节约。

第三节　地理教学的目标

一、地理教学目标的内容

地理教学目标是指教师在进行教学活动前设定的、希望通过教学过程实现的具体目的和预期效果。它是教学活动的指导思想和重要追求，明确地表达了教师希望学生在学习过程结束后能够达到的知识水平、技能水平、态度形成和价值观认同。中学地理课程的总目标是培养学生的地理学科核心素养，从地理教育的角度落实立德树人的根本任务。具体目标包括以下几点。

第一，学生能够正确看待地理环境与人类活动的相互影响，深刻认识两者相互影响的不同方式、强度和后果，理解人们对人地关系认识的阶段性表现及其原因，认同人地协调对可持续发展具有重要意义，树立尊重自然、保护环境的价值观。

第二，学生能够形成从综合的视角认识地理事物和现象的意识，对地理各要素之间的相互作用有较强的分析能力，并在一定程度上解释地理事物和现象发生、发展的过程，从而较全面地观察、认识和分析不同地方的地理环境特点，辩证地看待地理问题。

第三，学生能够形成从空间—区域视角认识地理事物和现象的意识，对地理事物和现象的空间格局有较强的观察力，并能运用区域综合分析、区域比较、区域关联等方法认识区域，简要评价区域现状和发展。

第四，学生能够运用所学知识和地理工具，在室内、野外和社会的真实环境下，通过考察、实验、调查等方式获取地理信息，探索和尝试解决实际问题，具备活动策划、实施等行动能力。

二、地理教学目标的功能

地理教学目标具有以下功能，如图 1-2 所示。

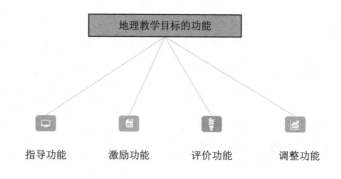

图 1-2　地理教学目标的功能

（一）指导功能

地理教学目标的指导功能体现在为教师和学生提供清晰的方向和依据上。对教师而言，地理教学目标明确了知识、技能和情感等多维度的教学要求，使其能够在设计教学计划时精准把握课程内容与学生需求之间的联系。教学目标的设定需要深入理解课程标准和教学内容，同时对学生特点进行系统分析，并综合考虑教学方法、组织形式、教学工具及评价方式。这一过程有助于优化教学设计，提高教学质量和课堂效率。地理教学目标的设定还要求教师具备扎实的学科知识和教学设计能力，通过合理规划教学活动，使教学内容更具针对性和逻辑性。对学生而言，明确的教学目标能够减少学习过程中的盲目性，使其在学习中有的放矢。学生可以根据教学目标识别重点与难点，制订合理的学习计划，从而更高效地掌握地理知识和技能。通过这种目标导向，地理教学能够更好地促进师生互动，实现教与学的双向优化。

（二）激励功能

当教学目标明确后，学生能够明确所需达到的具体要求，从而产生实现目标的渴望。这种渴望转化为学习动机，为其学习过程注入动力。在此过程中，教学目标的激励作用能使学生更有效地聚焦学习任务，提高学习效率。同时，当学生取得进展或达成目标时，他们能够显著增强学习成就感和自信心。这种成功体验不仅巩固了学习成果，还进一步激发了学生的学习热情，使其对地理学习保持兴趣和投入。在后续学习中，学生因对目标和要求有了更深刻的理解，能够更加自信地应对学习挑战，从而实现良性循环。通过激励功能，地理教学目标在引导学生成长、促进学生主动学习方面发挥了关键作用。

（三）评价功能

一方面，教学目标为对教学质量的科学评价提供了明确的依据。通过教学目标的设定，评价者可以判断教学活动是否实现了预期的知识、能力和情感培养目标。在评价课堂教学时，虽然教学目标并非唯一标准，但其实现程度是衡量教学成效的重要指标。这种基于目标的评价方法能够帮助教师发现教学中的不足并进行改进。另一方面，教学目标在学生学习评价中也具有重要作用。明确的教学目标为设计评价内容和方式提供了具体的指导，使测试和测评能够紧扣教学要求，检验学生对知识的掌握情况和能力提升情况。基于教学目标的参照性评价方法，不仅能对学生学习成果进行客观分析，还能为进一步改进教学提供数据支持。

（四）调整功能

调整功能指的是在教学过程中，教师可以根据学生的学习进展、反馈和需要调整教学目标。这种灵活性对满足学生多样化的学习需求至关重要。如果教师发现学生对某个地理领域表现出特别的兴趣，则可以调整教学目标，以包含更深入的探索或更大的挑战。同样，如果教师发现学生在某个主题上有困难，则可以调整目标，以便集中更多的时间和精力解决这些难点。通过调整教学目标，教师可以确保教学活动始终符合学生的实际需求和发展水平。

三、地理教学目标的编制

（一）地理教学目标编制的依据

1. 社会发展需要

地理教学目标的编制需要以社会发展需要为基本依据，因为地理教学的核心目的之一是服务社会发展。从历史的角度来看，地理教学活动始终与社会的政治、经济、文化需求紧密相连。例如，15世纪，地理知识满足了航海与商业扩张的需要。17世纪，随着商业的发展和国际交往的扩大，地理课程被纳入学校教育体系。19世纪，现代地理学的兴起呼应了工业化和全球化的需求。进入21世纪，可持续发展理念成为社会关注的焦点，也成为地理教学的重要内容之一。社会发展需要不仅决定了地理教学内容，还通过课程标准和教学大纲明确规定了地理教学的目标。依据社会发展需要编制地理教学目标，不仅能确保教学的时代性和实用性，还能使地理教育在促进社会进步中发挥积极作用。

2.学生身心发展规律

地理教学目标的编制需要遵循学生身心发展规律，以确保目标的科学性与适切性。这一依据涵盖两个重要方面：学生的年龄阶段特征与个体差异。

一方面，不同年龄阶段的学生在生理和心理发展上呈现不同的特征。地理教学目标的编制应与学生的认知、情感和行为特点相匹配。例如，较低年龄段的学生在认知能力上以具体形象思维为主，地理教学目标则应侧重简单、直观的地理概念和基础知识的识记与理解，辅以生动的教学材料来激发其兴趣。随着学生逐步进入逻辑思维发展的阶段，其抽象思维能力逐渐增强，教学目标则应由浅入深、由具体到抽象，注重知识的系统性以及地理规律的分析与综合运用。此外，在情感和价值观的培养上，地理教学目标应引导学生形成尊重自然、追求人地协调发展的意识，尤其关注可持续发展的实现途径。

另一方面，学生的个体差异是教学目标制定的重要考量因素。学生在先天素质、潜能及外部环境的影响下表现出不同的发展水平，因此教学目标的编制需要具备灵活性和适应性。地理教学目标的编制应以学生的实际需求为基础，兼顾不同层次学习能力的学生，设置适当的起点与梯度，以使教学既具有普适性，又能激发学生的潜能。

3.地理学科的特点与内容

地理教学目标的编制需要充分考虑地理学科的特点与内容，以确保教学目标的科学性和针对性。

地理学科具有以下特点：①综合性。地理学科的研究范围十分广泛，涉及大气圈、水圈、岩石圈、生物圈及人类活动圈的各种地理要素以及它们之间的相互关系、发展变化的过程。所以，地理学科不只反映客观世界的单一要素和单一过程，而且从整体反映人类周围的客观世界，即地理环境。因此，地理教学目标应注重多维度知识的整合与应用，以培养学生的综合分析能力和整体观念。②地域性。地理学科的地域性体现在自然与人文现象的空间分布和区域差异上。因此，教学目标应引导学生理解地理事物的空间格局及区域特性，增强学生的空间认知和区域分析能力，为解决实际地理问题奠定基础。③开放性。地理学科横跨自然与社会科学，五大圈层不断与外界交换物质、能量和信息。这一特点要求教学目标结合多学科知识，注重培养学生跨学科的整合能力，使其能够从多元视角分析地理问题。④实践性。地理学科以人类实践为基础，强调通过实践探索地理环境。因此，地理教学目标需要突出实践导向，通过观察、实验和实地调查等方式，培养学生的动手能力与问题解决能力，使其能够将地理知识应用于实际生活与社会发展。

从地理学科的内容来看，地理教学主要围绕人地关系这一主线展开，研究地球自然环境的整体特征及人类活动的基本规律。因此，地理教学目标应涵盖以下内容：第一，探究地理现象的分布特征及成因，引导学生理解空间分布规律；第二，分析地理现象之间的相互联系和地区差异，培养学生的区域综合分析能力；第三，揭示地理现象的变化规律，增强学生的动态认知能力；第四，阐明人与地理环境的协调关系，帮助学生树立可持续发展的意识。

（二）地理教学目标编制的要求

地理教学目标的编制应遵循以下几点要求，如图 1-3 所示。

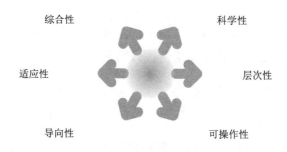

图 1-3　地理教学目标编制的要求

1. 科学性

地理教学目标的编制应以地理学科的内容为基础，并符合课程标准与地理学科的基本规律，确保教学目标内容准确、逻辑严谨，具有学科专业性。

2. 层次性

地理教学目标应根据学生不同阶段的认知水平和学习需求，设置由浅入深、由简单到复杂的层次结构。目标编制需充分考虑学生认知发展规律和能力提升路径，并将其分解为知识目标、能力目标、情感态度与价值观目标，从而促进学生的全面发展。

3. 可操作性

地理教学目标的表述应具体明确，便于教师实施和学生理解。目标编制需包含可测量的学习结果，如需要掌握的知识点、需要提升的技能等，以使教学过程可观察、可评价，确保教学活动有据可依。

4. 导向性

地理教学目标应紧扣课程核心素养，明确教学内容和学习活动的方向。目标需在帮助学生掌握地理知识的同时，培养学生的实践能力和创新意识，引导学生树立正确的世界观、人生观和价值观。

5. 适应性

地理教学目标既要尊重学生的个性差异，又要符合地域特点和社会发展需求。目标编制需具备灵活性，以满足不同学生、不同地区以及不同时代背景下的教育需求。

6. 综合性

地理教学目标应覆盖知识、能力和情感三个方面，并注重与其他学科的关联性，还应结合自然地理与人文地理的特点，强调知识的应用性和价值观的塑造，促进学生综合素质的全面提升。

第四节　地理教学的基本原则与主要方法

一、地理教学的基本原则

教学原则是基于教学目标，根据教学规律制定的，旨在为教学工作提供基本的引导。教学原则的正确和灵活应用对提升教学质量和效率具有关键的保障作用。它们作为教学的导向，既反映教学观念、观点、认识和看法，又涵盖教学的方向、路径、方式和方法。由此可以看出，教学原则处于教学理论和教学实践的交叉点，对教学起引导作用，同时对教学提出了基本要求。地理教学的基本原则有以下几点，如图 1-4 所示。

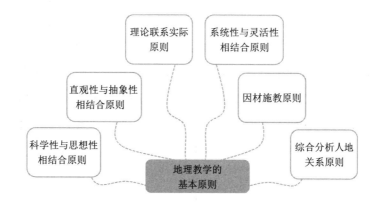

图 1-4　地理教学的基本原则

（一）科学性与思想性相结合原则

该原则强调通过科学知识的传授，培养学生科学的世界观和价值观。

地理学科作为一门兼具自然科学与社会科学特征的学科，其教学活动必须注重科学性的体现，同时确保知识内容的准确性、系统性与逻辑性。例如，在讲解地壳运动时，教师应基于地质学的科学原理，让学生理解板块构造理论，并准确掌握相关地理现象的规律和机制。同时，教师应在教学过程中通过知识与价值观的融合，引导学生形成正确的生态伦理观和较强的社会责任感。例如，通过讨论全球气候变化和环境问题，学生认识到环境保护与可持续发展的重要性，这培养了学生尊重自然、追求人地协调发展的意识。科学性与思想性的结合不仅有助于提升教学内容的学术质量，还有助于提升其教育价值。教师应以科学的态度传递知识，同时融入价值观引导，使地理教学不仅成为认知的过程，更成为塑造学生健全人格和培养社会意识的重要途径。

（二）直观性与抽象性相结合原则

该原则强调通过直观材料与抽象思维的结合，帮助学生更好地理解和掌握复杂的地理知识。直观性在地理教学中主要体现为通过地图、模型、实景照片以及多媒体技术等手段，将地理现象和规律以形象化的方式呈现，使学生通过直观感受形成初步认知。例如，通过地图展示气候分布与河流流域，学生可以清晰地理解地理事物的空间关系。然而，地理知识的学习不能仅停留在直观感知层面，还需要通过抽象思维提炼概念、分析规律。这要求教师引导学生从具体的地理现象出发，逐步归纳其特征与规律，如综合多条河流的特征总结河流的普遍特征或从区域案例中分析区域发展的内在逻辑。抽象性帮助学生将零散的地理事实转化为系统化的知识，提升学生逻辑分析与综合判断能力。直观性与抽象性的结合能够实现知识传递的渐进性和全面性，在复杂概念的教学中更为有效。在地理教学中遵循这一原则不仅有利于提升学生的理解力和记忆力，还有利于培养学生的空间思维能力和抽象概括能力，使其学习更加高效。

（三）理论联系实际原则

地理学科本身具有较强的实践性和现实性。在地理教学中，理论联系实际原则体现在多个方面。首先，教学内容应与学生的日常生活相结合。例如，通过分析当地的气候特点和农业布局，学生可以理解地理环境对经济活动的深刻影响。其次，教学应关注社会现实和热点问题，如全球气候变化、资源短缺、城市化进程等。通过对这些实际案例进行分析，学生不仅能够巩固理论知识，还能提高对社会问题的关注度，提高思考能力。最后，地理教学应通过实践活动实现对理论知识的运用，如实地考察、地图绘制和数据分析等。这些活动能够帮助学生在实际情境中进一步深化对理论知识的理解，增强其解决实际问题的能力。遵循理论联系实际原则，能使地理教学更具针对性和实效性，既有利于促进学生对知识的内化，又有利于增强学生的实践能力和社会责任感。

（四）系统性与灵活性相结合原则

地理学科内容广泛而复杂，教学必须具有系统性，才能帮助学生构建起完整的知识框架。同时，地理知识涉及动态变化和区域差异，这又要求教学具备一定的灵活性，以适应实际情况和学生个体差异。

系统性主要体现在教学内容的逻辑结构和知识连贯性上。地理教学应按照知识的内在联系，从基础到深入、从局部到整体地逐步展开。例如，学习地形时，我们应从地貌的类型入手，让学生逐步理解其成因及与人类活动的关系，从而形成系统的知识体系。与此同时，教学还需体现灵活性，以适应不同教学情境和学生特点。例如，在讲解区域地理时，教师可以结合本地实际情况或当前社会热点，灵活调整教学内容，增强学习的针对性和实用性。此外，在教学方法上，教师应采用多种方法，如讨论、探究和实验教学，来激发学生的兴趣和参与度。

（五）因材施教原则

该原则强调根据学生的个体差异和具体需求，设计和实施有针对性的教学活动。地理学科内容复杂且跨学科性强，不同学生对地理知识的接受程度和兴趣点并不相同。在教学中，教师需要结合学生的实际情况，合理设置教学目标。例如，对学习能力较强的学生，可以提供高层次的探究性任务，鼓励其自主学习和创新思考；对于基础薄弱的学生，则应注重基础知识的巩固，更多采用直观的教学手段，帮助其构建基本的地理知识体系。此外，因材施教原则还体现在教学方法和内容的灵活调整上。例如，教师在讲解区域地理时，可以选择与学生生活背景相关的案例，以使其更容易理解。对于实践能力较强的学生，可设计更多实地调查和实验活动；对于理论理解能力强的学生，则可引导其参与数据分析与综合研究。遵循因材施教原则能够充分调动学生的积极性，充分挖掘与发挥学生的潜能，使每个学生都能在其能力范围内获得最大限度的发展，从而增强教育的公平性与有效性。

（六）综合分析人地关系原则

1.构建以人地关系为主线的教学内容体系

在地理教学中，无论是课程整体还是各单元、各课时，都需要构建以人地关系为主线的教学内容体系。教师和学生应当在地理教学过程中养成这一教学习惯。教师要逐步教会学生构建以人地关系为主线的教学内容体系的方法，并帮助学生逐步深化对人地关系含义的认识，从而使学生学会用人地关系这一地理概念统摄地理学习过程。目前的教材在一些地方还不能满足以人地关系为主线的要求，师生应在地理教学过程中做必要的处理。

2.培养综合分析人地关系的习惯和能力

构建以人地关系为主线的教学内容体系的过程，就是综合分析人地关系的过程。在地理教学过程中，教师要示范如何运用综合分析方法，可以先将综合分析过程分解为"分析—综合—再分析—再综合"的过程，让学生了解如何根据后面综合的需要来选择分析的角度，如何在分析过程中揭示各种有利于综合的关系和联系，如何在综合的过程中区分主要因素与次要因素，等等。无论地理教学过程长与短，都要进行综合分析，并最终提高到综合分析人地关系的层面上来。

3. 树立社会生态观

在综合分析人地关系的过程中，学生要逐步树立社会生态观，并逐步增强运用这一观点综合分析人地关系的自觉性。社会生态观的形成离不开对人地关系的综合分析。在地理教学过程中，教师要让学生了解什么是人类活动，什么是地理环境，理解环境及其主体的相对性。学生需要从具体分析人地关系的案例中理解并树立社会生态观，学会分析主体与环境的相互作用和相互关系。

二、地理教学的主要方法

本书按照地理教学活动的外部形态及这种形态下学生认识活动的特点，将地理教学方法分成三类，即以教师呈现为主、以师生互动为主、以学生活动为主的三类方法。以下分别介绍三类方法的内涵及应用要求。

（一）以教师呈现为主的方法

以教师呈现为主的教学方法是指教师向学生单向传递信息的教学方法。教师在课堂教学中主要有语言、文字、声像、实物等四类呈现方式。其中，语言呈现是指口头语言行为；文字呈现是指教师通过板书、地理教材等书面文字向学生传递知识的行为；声像呈现是指通过计算机、录像等媒体向学生传递多种视听信息的行为；实物呈现是通过具体实物模型、标本等向学生提供形象材料的教学行为。

此类方法的优点在于能保证教师传授知识的系统性与连贯性，更好地把控课堂教学进度，有力地启发学生积极思考，激发学生的学习热情，充分利用课堂时间。不足之处在于学生处于被动状态，不容易发挥其主动性和创造性。此类方法主要有讲授法、演示法等。下面以讲授法为例予以说明。

讲授法是教学史上常用的教学方法，是教师对教材内容进行系统分析后，通过简明、生动的语言向学生传授知识，学生主要以观察、思考、聆听、记笔记等手段进行学习的方法。从教的方面看，它是一种传授方法；从学的方面看，它是一种接受性的学习方法，不要求学生有互动行为。对教师来说，掌握讲授法至关重要。在实际教学中，讲授法可以表现为讲述、讲解、讲读和讲演等不同形式。

有些人错误地认为接受性学习必然是机械被动的学习，认为它是注入式教学的代表。实际上，就学校教育而言，最根本的还是要学生掌握系统的知识，离开了知识，一切都将成为空中楼阁。由于地理学科知识的特点，讲授法对地理课堂来说是一种有效的教学方法。教师可以通过精心设计，使学生全身心投入学习活动中。

以教师呈现为主的方法要求教师做到以下两点。

第一，科学组织地理教学内容。教师要力求知识系统准确，做到将知识与思想方法、智力与非智力因素相融合，将教材中的静态学术知识加工组织成既有逻辑意义又符合学生身心发展需要的教育知识。

第二，充分发挥地理教学语言的艺术魅力。教师不仅要语言简明扼要、针对性强、生动形象、富于启发性和感染力，还要注意使用肢体语言，它能支持、修饰教师的语言行为，帮助教师表达难以用语言表达的感情和态度。

（二）以师生互动为主的方法

师生互动是共同体成员实践活动的一种形式。对多数学生来说，相较于读和写，听和说更能激发他们的学习热情。问答法和讨论法是此类方法中的常用方法，下面对这两种方法进行简单介绍。

1. 问答法

问答法是地理教学中常用的师生互动方法。它是指教师提出问题，引导学生积极思考，然后学生回答教师提出的问题的教学方法。

问答法的优点有三点：一是提供思维线索。"问"可以提供某种特定信息，使学生围绕"问"的内容展开思考，从而使学生始终处于紧张的学习状态中，进而唤起和保持学生的注意力和兴趣。二是提供反馈机会。"答"可以促使学生回忆所学知识，并将学生对已有知识的掌握情况反馈给教师，有助于教师修正和调整教学进程。三是培养学生的独立思考能力和语言表达能力，开阔学生的思路。问答法的不足之处在于学生需要思考的时间，教师不易调控教学进程。

新课传授或巩固知识都可用这种方法。不过，教师在使用此法时要注意一点，即提出的问题要清晰、准确，重点部分要复述或板书，以强化记忆，充分肯定学生在思考中的正确之处，且当发现学生有某些不当或不足时，要从思路上对其进行纠正或补充。

2. 讨论法

讨论法是师生之间的又一种互动方法。它是在教师的组织和引导下，学生以全班或小组为单位，围绕某中心问题，通过讨论或辩论进一步深化对问题的理解、评价或判断的教学方法。

讨论法的优点有三点：一是全体学生都参加，有助于培养学生的人际交流能力和合作精神；二是学生之间可以互相启发，取长补短，提高学习情绪，加深对学习内容的理解；三是要求学生言必有理，这有助于培养学生的批判性思维能力。讨论法的不足之处在于易导致课堂秩序混乱，不易控制讨论的过程，而且耗费时间。

讨论法既是学生学习新知识、巩固旧知识的方法，也是提高学生认识水平的方法。运用此法需要学生具备一定的认知基础、理解能力及独立判断能力。使用此法进行教学时要注意以下两点。其一，讨论的问题要有争议性，能启迪学生思维，引发学生讨论的热情。教师需要把要讨论的问题写在黑板上，并对问题做简要解释，明确讨论的目的，使问题本身具有讨论的价值。为保证讨论顺利开展，教师要设计后续问题，将讨论进一步引向深入。其二，教师要进行适时地调节。教师提出问题后，以听众的角色参与讨论，主要作用是调控活动，不能代替学生思维，导致讨论形式化。比如，教师应关注学生讨论的逻辑线索，讨论是否切题；关注学生讨论的参与程度，化解争执的局面。

（三）以学生活动为主的方法

以学生活动为主的教学方法，是指教师组织和引导学生通过独立的练习和探究活动获得知识和解决问题的方法。在此类方法中，教师完成任务的方式既不像自身呈现行为时具有绝对的自主性，也不像师生互动时具有交往性，它是以组织和指导的方式辅助学生进行自主学习的教学方法。

此类方法有两个特点。一是突出学生的独立性，有助于培养和发展学生的独立思考能力、活动能力和创新能力。二是提供了宽松、自由的学习环境。教师由学习过程中显性的决策者、主角，转变为学习过程中隐性的参与者、配角，为学生提供有心理安全感的学习环境，以促进学生独立活动的展开。此类方法包括练习法、读书指导法、实验法等，下面详细介绍练习法。

练习法是在教师的指导下，学生独立完成课堂练习的教学方法，也是一种训练型学习方法。练习一般有口头练习和书面练习。口头练习一般涉及地理概念、原理、方法等简要问题，特别是易混淆之处；书面练习一般是针对教材的重点、难点、关键点等进行的有计划的练习。

练习法的优点在于它既是一种很好的巩固与应用地理知识的手段和

途径，能帮助学生内化新知识，巩固旧知识，正确应用知识，提高对知识与技能的掌握和熟练的自动化程度，也是教师获得学生反馈信息的方式。其不足之处在于教师不易指导全班每个学生，且练习不可能适合所有同学，易造成一些学生要么认为练习没有挑战性，要么"跳"起来也够不着，从而降低这部分学生的学习积极性。

教师在运用练习法时要注意以下四点。其一，教师在学生独立练习前，要使学生明确要求，并帮助学生做好相应准备。其二，合理安排练习的数量、类型，练习的形式要多样，数量要适当，注意一般要求与个别指导的恰当结合。其三，进行有效的、适时的指导和监控。教师要通过巡视、解疑等方式，了解学生练习的进度和练习中存在的问题。其四，及时反馈练习的结果。学生完成练习后，教师要及时启发学生总结方法，指出出现典型错误的原因。练习本身的对与错固然重要，但更重要的是培养学生养成自我检查、及时总结和纠正错误的习惯，增强学生的自我反省意识。

第二章　地理教学与信息技术融合综述

第一节　地理教学与信息技术融合的历程与趋势

一、地理教学与信息技术融合的历程

（一）教学与信息技术融合的历程

教学与信息技术融合在很多国家均有开展，目的是促进教育信息化的发展，但是各国推进的速度不尽相同。2000 年以来，许多发达国家以及部分发展中国家已基本完成了教育信息化基础设施的建设工作，并将重心转移至教育信息化的深度应用上。2005 年，联合国教科文组织提出了教学与信息技术融合的四个阶段，包括起步阶段、应用阶段、整合阶段和创新阶段，如图 2-1 所示。

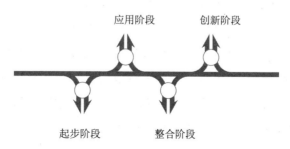

图 2-1　教学与信息技术融合的四个阶段

1.起步阶段

在起步阶段，信息技术主要作为教学的辅助工具，应用主体主要是教师，运用范围大多集中在课堂教学过程中。这一阶段的信息技术多被用于教学内容的展示和课堂效果的提升。例如，通过多媒体工具，教师能够更加生动、直观地呈现抽象概念或复杂内容，从而丰富学生的学习体验。然而，这种应用形式并未脱离传统的"教师为主、学生为辅"的教学模式，信息技术更多的是作为教学手段的补充，并未成为教学过程的核心要素。此外，在这一阶段，学校的信息化基础设施建设尚不完善，信息技术局限于部分学科和特定课堂中，未能覆盖全部的教育教学与管理活动。因此，在这一阶段，尽管信息技术已进入课堂，但它的作用主要集中于提高课堂教学的吸引力和效率，其在教育生态中的价值尚未全面显现。

2. 应用阶段

在应用阶段，信息技术的使用从课堂延伸至教学管理，这标志着教育信息化的进一步深化。在这一阶段，信息技术不再仅仅是教学的辅助工具，还成为提升教学质量和教学管理效率的重要手段。学校通过部署电子白板、在线课程平台和教育管理系统，推动了课堂教学现代化转型。教师借助信息技术开展更具互动性和个性化的教学活动，如利用学习管理系统跟踪学生的学习进度，通过在线资源丰富课堂内容。教育主管部门和学校开始运用信息技术支持教师的专业发展，包括在线培训课程和资源共享平台的普及。可以说，应用阶段的教学与信息技术的融合，推动了课堂教学的现代化，并在学校教育系统中发挥了更为全面的作用，为教育信息化向更高层次发展创造了条件。

3. 整合阶段

在整合阶段，信息技术运用能力被视为教师应具备的专业素养。教师不仅应具备信息技术操作能力，还应能够将其有效融入课堂教学与教育活动中，推动教学方式的变革。整合阶段的突出特点是"以学生为主体"的教学模式成为主流。在课堂上，教师利用信息技术设计并组织多样化的学习活动，通过信息化工具激发学生的自主学习能力和创新思维。例如，教师可以通过学习管理平台提供个性化的学习资源，并利用在线讨论区和即时互动工具鼓励学生参与协作式学习。这种教学模式不仅能提升学生的参与度，还能显著提高学习效果。此外，教师通过信息化教学及管理平台开展基于互联网的教研活动，如在线备课、资源共享和虚拟教学研讨会，可以获得更多与同行交流与学习的机会，同时提升自身的信息技术应用能力和专业发展水平。

4. 创新阶段

在创新阶段，教学与信息技术融合的目的是促进信息技术与各学科教学向着全面与深度融合的方向前进，以信息技术为依托的新型教学模式陆续出现，并对学校以及其他教育机构的发展产生推动力，教学活动的中心开始由"教师中心"向"学生中心"倾斜。同时，各级教育主管部门和学校管理效率不再由信息技术的处理能力决定，而是由其内部管理结构和事务处理流程决定。世界上少数教育信息化发展水平领先的国家已经进入这一阶段。

（二）地理教学与信息技术融合的四个阶段

1. 起步阶段

20 世纪 80 年代，信息技术开始在社会生产和生活领域得到广泛应用，这一技术浪潮也催生了基础教育领域的变革。教学与信息技术的融合成为实现教育技术现代化的重要路径。

在这一时期，有个标志着地理教学与信息技术融合的关键事件，即 2000 年，全国计算机辅助地理教学软件制作研讨会在深圳的召开。这次会议为计算机辅助地理教学的推广和发展奠定了基础，同时通过研讨与评奖活动激发了全国范围内对地理教学软件研发的关注与热情。

2. 应用阶段

2001 年，教育部颁布《基础教育课程改革纲要（试行）》，正式拉开了地理课程改革的序幕。随后，教育部相继发布了《全日制义务教育地理课程标准（实验稿）》《普通高中地理课程标准（实验）》，提出了地理课程的新理念和三维目标体系，并强调了信息技术在地理教学中的应用，倡导营造有助于学生形成地理信息意识和能力的教学环境。

在这一阶段，全国各地的中学地理教师积极开发了一批地理教学软件，利用信息技术成功突破了传统教学中的难点，为地理教学实践带来重大突破。随着信息技术的进一步发展，部分学校开发了地理教学平台，为教师提供了丰富的教学资源。教师可以根据具体教学需求，利用平台资源开展个性化的教学活动，从而进一步提升教学效果。此外，互联网的普及极大地促进了教学资源的共享，使得优质资源可以被更广泛地利用。这一阶段的地理教学与信息技术的融合，不仅提升了教学质量，还为地理课程改革提供了重要支撑，为教育信息化奠定了坚实基础。

3. 整合阶段

这一阶段，探究性学习成为主流学习方式。该方式强调学生主动参与从确定课题、搜集资料、形成观点到得出结论、发表观点的全过程，使学生真正成为学习的主体。为满足这种教育需求，针对学生不同学习类型的教学软件逐渐兴起，信息技术的角色从教师的"教学助手"转变为学生学习过程的"核心工具"。

在这一阶段，地理教学与信息技术迈向了更深层次的融合。地理信息系统和虚拟仿真技术等先进技术被引入地理课堂，显著增强了地理教学的互动性与直观性。这些技术的应用不仅为学生提供了更为真实的地理情境，还培养了他们处理和分析地理信息的能力，推动了地理课程教学模式从传统的灌输式教学向深度参与和实践的转变。这一阶段的地理教学与信息技术的融合，标志着地理教育迈入了一个以学生为中心、以技术为驱动的全新发展阶段。

4.创新阶段

2012年，教育部发布的《教育信息化十年发展规划（2011—2020年）》明确提出要推进信息技术与教育教学深度融合。深度融合不仅涉及教学手段和方法的变化，更涉及教师、学生、教学内容和教学媒体之间关系的重新定义，构建全新的教学模式成为核心目标。

在这一阶段，地理教学迎来了多样化的创新实践。例如，地理微课资源、地理微信公众平台等新兴学习工具迅速发展，为个性化学习的推广提供了广阔空间。学生可以根据自身学习需求灵活选择资源，这极大地提高了学习的自主性与针对性。又如，翻转课堂、混合式学习等先进教学模式在地理教学中得到广泛应用，通过将课堂时间更多地用于讨论、分析和实践，提升了学生的深度学习体验。这一阶段的地理教学与信息技术的融合从技术支持走向全面驱动，教学模式从单一走向多元。

二、地理教学与信息技术融合的趋势

随着信息技术的快速发展和教育信息化的深入推进，地理教学与信息技术的融合呈现出以下趋势。

（一）个性化学习的深化

信息技术赋能个性化学习成为主流趋势。通过学习管理系统、大数据分析和人工智能技术，教师可以精准地分析学生的学习习惯和知识掌握情况，为每个学生提供量身定制的学习方案。在地理教学中，个性化学习资源能够使学生根据自身兴趣和学习节奏灵活调整学习内容，从而提高学习效率。

（二）教学方式的多样化

一方面，翻转课堂、混合式学习和基于项目的学习等教学方式将得到进一步推广。这些教学方式将地理教学与信息技术深度融合，通过虚拟仿真技术、地理信息系统以及沉浸式体验工具，让学生以更具互动性和实践性的方式学习地理知识，从而增强学习效果。另一方面，人工智能的快速发展催生了更具互动性的教学方式。通过人工智能的交互模式，学生可以与人工智能进行深度对话，探索地理现象的成因和影响。例如，学生可以向人工智能询问："全球变暖如何影响极地生态？"人工智能不仅会提供答案，还会引导学生思考相关影响，如气候变化、海平面上升等。

（三）教学资源的智能化与共享化

一方面，云计算和物联网技术的发展促进了教学资源的智能化与共享化。教师可以通过教育云平台随时获取高质量的地理教学资源，如动态地理地图、实时气象数据和全球环境变化信息等。这种资源共享机制不仅有助于提高教学资源的利用率，还有助于打破地域限制，进一步促进教育公平。

另一方面，人工智能的发展进一步推动了教学资源的智能化与共享化。人工智能可以自动整合和分析全球地理数据，生成智能知识图谱，使地理知识体系更加直观和系统化。人工智能驱动的智能搜索功能，可以根据教师和学生的需求精准匹配最相关的教学资源，提高资源的利用效率。此外，人工智能还能实现智能标注和自动分类，使教学资料更易被检索和管理。通过人工智能云端共享平台，教师可以即时更新和共享最新的地理案例，学生可以随时获取前沿的地理知识。教学资源的智能化与共享化不仅能提升教学资源的动态更新能力，还能打破传统教材的局限，使地理教学更加高效和个性化。

（四）跨学科融合的加速

信息技术使地理与其他学科的融合成为可能。例如，信息技术不仅可以将地理数据与数学统计模型相结合，进行复杂地理现象的定量分析，也可以用于气候变化预测、人口迁移模式分析等，来增强地理与数学、物理的关联，还能自动整合多学科知识，为学生提供跨学科问题的智能解答，引导他们从多个角度思考地理问题，提高综合素养和解决复杂问题的能力。

第二节　地理教学与信息技术融合的意义与原则

一、地理教学与信息技术融合的意义

（一）提升地理教学质量

1.优化教学过程

（1）增强课堂教学的直观性和趣味性。在传统地理教学中，一些知识点（如地球运动、大气环流、板块构造等）因其抽象性和复杂性，常常让学生难以理解。通过运用信息技术，教师可以将这些抽象内容转化为直观、生动的视觉效果。例如，通过三维地球模型展示地球的自转和公转轨迹，模拟动画展现台风的生成路径，学生可以直观地感受到地理现象的具体表现及变化规律。这种直观化的呈现不仅能帮助学生更快地理解复杂概念，还能激发学生的学习兴趣。

课堂教学的趣味性也在信息技术的辅助下得以大幅增强。通过地理游戏、互动式地图、虚拟现实等技术，学生能够以参与者的身份深入学习。例如，利用虚拟现实技术，学生可以沉浸式"参观"极地冰川或亚马孙热带雨林，并在沉浸式体验中获得地理知识。这种有趣的学习方式，有助于激发学生的好奇心和探索欲，从而使地理课堂更具吸引力。

（2）改变知识的传递方式，促进师生互动。传统的知识传授方式以教师的单向讲授为主，学生的参与度较低。信息技术的应用，特别是智能教学平台和互动工具的普及打破了这一局限。教师可以通过电子白板实时展示教学内容，并利用在线答题系统、弹幕讨论等方式，随时获取学生的反馈，从而实现课堂的即时互动。这种互动不仅能让学生积极参与课堂，还能帮助教师及时掌握学生的理解情况，及时调整教学策略。

2. 丰富教学资源

（1）拓展地理教学资源的来源。信息技术的应用极大地拓展了地理教学资源的来源，使教师能够获取更加丰富和多样化的教学素材。在传统教学中，学生获取地理知识的渠道主要为教材和其他纸质资源，这些渠道的内容更新速度较慢，无法及时反映地理学科的动态变化。现在，借助互联网和教育云平台，教师可以即时获取全球范围内的地理数据和资源，如最新的卫星影像、实时气象数据等。这些实时资源使课堂教学具备了更大的现实意义，学生能够在学习中关注地理问题的最新发展。此外，开放教育资源和数字化博物馆也为地理教学提供了全新的素材。教师可以利用全球共享的开放地理资源，展示多样化的文化地貌、生态系统及人类活动的影响。教学资源来源的拓展不仅能丰富教学内容，还能帮助学生更全面地了解地理学科的广度和深度。

（2）实现动态化与情境化的资源呈现。信息技术使地理教学资源从静态转向动态化和情境化，有助于学生更深刻地理解复杂的地理现象。例如，基于动态模拟技术的教学资源可以展示河流侵蚀、火山喷发和板块运动的全过程，使学生直观地理解地理现象的成因与影响。相比于传统的平面图或文字描述，动态资源更能调动学生的学习兴趣，同时加深对地理知识的记忆，增强知识应用能力。情境化资源的应用能让学生身临其境地学习地理知识。例如，通过虚拟现实或增强现实技术，学生可以"探索"珠穆朗玛峰的攀登路线，"走进"热带雨林观察生物的多样性。情境化的资源呈现方式能使学生在体验真实情境的同时，学习相关的地理知识和技能，从而进一步增强课堂教学的现实感与吸引力。

（3）实现优质教学资源的共享。信息技术为地理教学资源的共享提供了强大的技术支持，打破了传统教学资源分散、难以集中利用的局限。通过教育云平台、数字资源库和在线课程系统，教师可以便捷地上传和下载高质量的地理教学资源，如动态地图、专题微课和教学视频等，提高教学资源的可用性。另外，信息技术还能促进教师之间的资源共享。教师可以通过在线社区分享自己开发的地理教学素材，提高地理教学资源的利用效率。

（二）推动教学模式创新

1. 促进向以学生为中心的教学模式的转变

信息技术为地理教学从传统的"以教师为中心"向"以学生为中心"的模式转变提供了支持。在信息化教学中，学生不再是被动接受知识，而是利用技术手段积极参与学习过程。例如，通过在线学习平台和个性化学习系统，学生可以根据自身学习进度选择适合的学习内容和节奏，从而实现自主学习。又如，利用互动式地图、虚拟地理环境等技术工具，学生能够在真实或模拟的环境中进行探索式学习，从而增强学习的参与感与主动性。教师则从知识的传授者转变为学生学习的引导者和资源的提供者，更多地关注学生的学习过程，帮助学生制订学习计划，并提供适合学生个性化需求的学习资源。同时，教师可以通过信息技术实时监测学生的学习进度与效果，并及时给予反馈和指导。

2. 推动混合式教学模式的发展

混合式教学模式是一种将线上学习与线下学习有机结合的教学模式，旨在发挥两种教学方式的优势，实现教学效果的最大化。在这一模式中，学生通过线上平台获取学习资源、完成预习任务，并在课后进行巩固练习，通过线下课堂进行师生互动、问题解答和知识应用。

信息技术的广泛应用为混合式教学模式提供了强大的支撑。教师可以利用在线学习平台上传微课、动态地图或案例分析资料，供学生课前学习。课中，教师则可以通过数据分析工具了解学生的预习情况，针对学生存在的共性问题设计讨论或团队活动。此外，在线学习平台还支持课后测评、作业提交和在线问答。课后，学生可以通过该平台巩固所学知识。

（三）促进学生地理核心素养的提升

地理核心素养是指学生通过地理学习逐步形成的关键能力、必备品格与价值观念，主要包括人地协调观、综合思维、区域认知和地理实践力。地理教学与信息技术融合促进学生地理核心素养的提升，主要体现在以下四个方面，如图 2-2 所示。

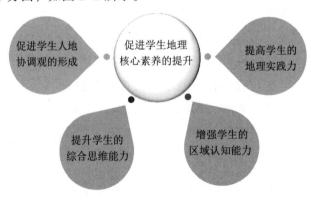

图 2-2　促进学生地理核心素养的培养

1. 促进学生人地协调观的形成

人地协调观是地理核心素养的重要组成部分，强调学生对人与自然关系的理解及协调发展意识的培养。信息技术为学生提供了动态的、多维度的学习资源，帮助他们更直观地认识人与地理环境的相互作用。例如，通过地理信息系统和环境模拟软件，学生可以研究土地利用变化、城市扩张与生态环境之间的关系。这些技术工具不仅能呈现复杂的地理数据，还能通过模拟和预测功能，让学生观察不同情境下人类活动对自然环境的影响，从而深刻认识到协调人地关系的重要性。此外，信息技术可以引导学生参与实际问题的探究。例如，通过在线学习平台开展虚拟案例研究，学生可以分析全球气候变化、自然灾害应对等现实问题。这种基于数据和情境的学习模式，有利于培养学生的全球视野和可持续发展意识，使他们更好地理解人与地理环境之间的复杂关系，为形成科学的人地协调观奠定基础。

2. 提升学生的综合思维能力

综合思维是指从整体和多维度视角分析、解决地理问题的能力。信息技术通过整合多样化的数据和工具，为学生的综合思维训练提供理想的平台。例如，学生可以利用地理信息系统将地形图、气候图和人口分布图进行叠加分析，从多维度探索区域环境特征及其影响因素。这种数据整合与分析的过程，能够促使学生综合运用多学科知识，形成系统化的地理认知。信息技术的动态模拟功能能够展示复杂的地理过程和系统运作。例如，学生可以通过信息技术模拟洪水过程或区域生态变化，观察多个变量的相互作用，进一步深化对地理问题的理解。此外，基于信息技术的虚拟实验和在线协作工具还支持学生以团队的形式共同研究复杂问题，促进他们从不同视角提出解决方案。这种实践式的学习体验，不仅能提升学生的综合思维能力，还能提升他们在复杂情境中解决实际问题的能力。

3. 增强学生的区域认知能力

区域认知能力是学生理解和分析不同地区自然与人文特征的重要能力。信息技术能够为学生提供更加生动、详尽的区域地理学习体验。例如，利用三维地图或卫星影像，学生可以直观地观察地区的地形地貌、气候分布和城市布局，从而深化对区域特征的理解；通过对比分析不同区域的数据，学生可以发现区域差异及其成因，进一步加深对区域特征的认知。此外，信息技术还支持基于项目的学习活动，如利用地理信息系统进行区域发展规划的虚拟模拟，通过在线学习平台收集区域旅游资源数据进行分析。这些活动不仅能帮助学生掌握区域分析方法，还能加深学生对区域资源开发与保护的理解。信息技术赋能下的区域认知教学，能够使学生从多层次、多角度认识区域地理特征，从而加深对区域发展的理解，增强责任意识。

4. 提高学生的地理实践力

地理实践力是学生将所学地理知识应用于实践的能力，是培养学生解决实际问题的重要目标。信息技术通过提供模拟环境和实践的工具，为学生地理实践力的培养和提高提供了广阔的平台。例如，学生可以运用地理信息系统进行土地利用规划、灾害风险评估或环境保护方案设计，这些活动能够帮助他们将地理理论转化为实际应用。虚拟现实和增强现实技术为地理实践教学注入了新的活力。通过这两项技术，学生可以参与虚拟的野外考察，如探索火山口、模拟河流侵蚀等地质现象，从而在虚拟实践中提高动手能力。此外，在线地理实验室和远程数据采集工具能使学生开展真实场景中的数据分析和实验，进一步增强其实践能力。信息技术赋能地理实践教学，不仅能帮助学生掌握实践技能，还能提升学生解决实际地理问题的信心和能力，为其未来学习和工作奠定坚实基础。

（四）促进地理教学评价的科学化

1. 实现教学评价的数据化与可视化

信息技术使地理教学评价从传统的主观评分转向基于数据的科学评估。通过运用学习管理系统和在线评价工具，教师可以全面收集学生在学习过程中的数据，包括学习时长、任务完成度、互动频率和测评结果等。这些数据通过数据分析平台的处理，可以生成直观的可视化报告，如学习曲线、能力雷达图等，帮助教师深入了解学生的学习状态和进展。可视化的评价结果不仅能让教师更精准地发现学生的薄弱环节，还能为教学设计和调整提供可靠依据。教师可以根据数据反馈优化课堂教学内容，设计更有针对性的练习，帮助学生突破学习难点。基于数据的教学评价模式不仅能提升评价的科学性和效率，还能让学生对自身的学习状态有更清晰的认识，从而推动其学习行为的改进。

2. 推动多维度评价体系的建立

信息技术支持地理教学评价从单一结果评价向多维度综合评价转变。传统教学评价多集中于考试成绩，而信息技术使对学生学习过程、实践能力和创新思维等多方面评价成为可能。例如，在线学习平台可以记录学生在探究性学习中的参与度和表现，虚拟实验工具可以评估学生的实践操作能力，翻转课堂中的讨论与答辩环节可以反映学生的逻辑思维与表达能力。同时，信息技术还可以通过智能化分析，为每个学生生成个性化评价报告，指出其优势与改进方向。教师可以借此更加全面地了解学生的成长轨迹，为学生提供更有针对性的学习支持。多维度的评价方式为提升地理教学质量提供了重要保障。

3. 增强教学评价的实时性与互动性

信息技术的应用突破了传统评价的时间与空间限制，使地理教学评价更具实时性和互动性。在课堂上，教师可以利用即时反馈工具（如课堂答题系统或弹幕互动）实时收集学生的回答和意见，快速掌握学生的知识掌握情况并调整教学节奏。例如，通过实时测评，教师可以发现学生对某一地理概念的理解偏差，并及时进行讲解或讨论。此外，信息技术还为学生提供了更多参与评价的机会。例如，学生可以通过在线学习平台对自己的学习过程进行反思，或者通过参与对他人的学习评价来提升合作与交流能力。这种具备即时性与互动性的评价方式不仅能提高教学评价的效率，还能激发学生的学习积极性，形成教与学之间的良性循环，进一步推动地理教学评价的科学化和动态化发展。

（五）推进教育公平与信息化

1.进一步缩小区域教育差距

信息技术为进一步缩小区域教育差距提供了切实可行的解决方案，突出表现为打破了优质教育资源集中于经济发达地区的传统限制。通过教育云平台和数字教学资源库，偏远地区的学校和教师可以更方便地获取先进的地理教学资料，如动态地图、虚拟实景视频和全球气象数据。这种资源共享机制让资源匮乏地区的学生也能够学习到更全面、更高质量的地理知识，从而弥补教材和教学设备上的不足。此外，通过远程教育和直播课堂，优秀教师的高水平地理课程也可以传递到边远地区，同时学生也可以参与互动问答，提升学习效果。例如，在线同步课堂让山区学生也能参与到重点学校的地理课堂中，从而提升他们的学习质量，丰富他们的学习体验。在信息技术的赋能下，区域教育差距进一步缩小并推动了教育均衡发展，促进了教育公平。

2.推进教育信息化进程

信息技术的普及与应用是教育信息化进程的重要推动力。在地理教学中，信息技术的引入改变了传统的教学模式，使教学更加数字化、智能化。通过教育信息化平台，地理教师可以轻松管理教学资源、设计课程内容，并利用大数据分析学生的学习情况，从而优化教学策略。鉴于地理学科独特的空间属性，地理信息系统、虚拟地理实验室和实时环境监测系统能够为地理教学内容的呈现和研究提供前所未有的技术支持。教育信息化的推进不仅有助于提升教学质量和效率，还有助于教师数字化教学能力的培养，从而为教育现代化奠定坚实基础。

二、地理教学与信息技术融合的原则

地理教学与信息技术的融合，并非简单的"混合"，而是教师根据地理教学的具体要求，结合对信息技术的特点和作用的深入分析，决定如何利用信息技术来提升学生的学习效率。对于学生而言，信息技术是一种特殊的工具，能够帮助他们获取更广泛的地理知识，开阔认知视野，提升综合能力。地理教学与信息技术的融合需要遵循以下几点基本原则。

（一）教学目标导向原则

教学目标是地理课程的核心，信息技术的应用应围绕教学目标展开，以支持知识的掌握与能力的提升为最终目的。在地理教学中，教学目标往往包括学生对地理知识的理解、对地理技能的掌握以及空间思维和综合分析能力的提升。地理教学与信息技术的融合应紧扣这些目标，通过技术手段提升目标达成的效率和效果。例如，在讲解"气候类型及分布"时，教师可以利用动态气候分布图或交互式地图，让学生清晰地观察不同气候类型的形成条件及区域特征。这不仅可以直观地呈现知识内容，还可以通过动态变化的展示加深学生对复杂概念的理解。此外，信息技术的引入需要避免形式化或过度技术化，否则可能干扰教学内容，偏离教学目标。比如，在授课时，如果过分依赖炫目的多媒体效果，而忽略学生对知识点的掌握，则是本末倒置。因此，教师在应用信息技术时，需要明确教学目标，并评估信息技术对目标达成的贡献。在实际操作中，教师应先梳理课程目标，再根据目标选择合适的信息技术工具，通过技术支持的教学活动确保目标的高效实现。只有将技术与教学目标紧密结合，才能真正发挥信息技术在地理教学中的作用，促进教学质量的提升。

（二）学科特色适配原则

地理学科具有空间性、区域性和综合性的特点，信息技术的使用需要紧密结合地理学科的特点，以加深学生对知识的理解。遵循学科特色适配原则需要注意以下三个方面：一是选择合适的信息技术工具。教师应根据地理学科的特点，选择最能体现空间分布、区域关系和综合分析的信息技术工具，以实现技术与内容的深度融合。例如，利用地理信息系统，可以对空间数据进行可视化分析，将抽象的地理数据转化为直观的图表，帮助学生掌握区域分布特征和空间联系；通过卫星图像观察森林覆盖率变化、城市化进程等，学生能够更深刻地理解人地关系的动态特征。二是融入教学内容的设计。例如，在分析区域经济发展时，教师可以结合数字地图展示交通网络、资源分布与经济发展的关系，使学生从空间角度理解区域发展的影响因素和互动关系。三是避免偏离地理教学的核心内容。例如，在使用多媒体展示时，动画效果不应掩盖学科内容的逻辑性和条理性。

（三）全面性原则

全面性原则要求信息技术的应用覆盖地理教学的各个环节，包括教学设计、课堂讲授与课后评价等全过程。例如，在教学设计中，教师可以利用地理信息系统分析相关数据，构建多层次的教学资源；在课堂教学中，教师可以通过多媒体课件直观呈现地理现象；课后，教师可以借助线上平台进行测试与反馈，评估学生的学习效果。全面性原则的有效贯彻，能够充分挖掘信息技术的潜力，使其成为地理教学中的系统性支持工具。

（四）整体性原则

整体性原则强调信息技术的应用必须与地理学科的知识体系、教学内容和教学目标保持一致，形成内在逻辑的统一。地理教学内容通常涉及自然地理和人文地理等多层次知识点，信息技术的应用应以整体框架为基础。例如，在讲解"流域开发"时，教师可以结合河流分布图、人口密度图和经济活动图进行综合展示，使学生系统理解自然要素与人类活动的相互作用。整体性原则还要求避免信息技术的碎片化应用，以防止其破坏教学内容的逻辑性。

（五）实践性原则

实践性原则强调学习过程中的实际参与和体验，鼓励学生积极主动地探求知识和解决实际问题的方法。第一，实践性原则倡导改变传统的以教师为中心的教学模式，从而确保教与学、学习内容与现实生活之间的紧密联系，培养具备综合素质的学生，使他们更好地满足现代社会的发展需求。第二，实践性原则注重深入生活、体验生活。学生不再仅仅被动地接受知识，而是积极参与到实际生活中，通过亲身经历和实践米构建对客观事物的认知。这有助于激发学生的好奇心和求知欲，使他们更加热衷于学习和探求新知识。第三，实践性原则鼓励学生主动解决实际问题。学习不再只是教师单向地传授知识，更注重培养学生的问题解决能力和创新思维。学生在实际问题中积极思考，尝试寻找解决方案，从而提高他们的综合素质和应对挑战的能力。实践性原则也对教师提出了要求。教师的教学任务不再局限于知识传授，还包括引导学生进行实践性学习，帮助他们获得对知识的深刻理解。

（六）自主性和协作性相结合原则

自主性和协作性相结合原则强调信息技术在地理教学中既要激发学生的自主学习能力，又要培养学生的团队协作意识。信息技术为学生的个性化学习提供了便利。例如，学生可以利用地理学习平台自主查询区域特征、模拟地理现象，按照自己的学习节奏掌握知识。此外，信息技术也能为协作学习提供支持。例如，利用在线协作工具，学生可以分组完成任务，如区域资源开发规划或地理现象分析报告。通过开展自主学习，学生能够提升自我管理能力和探索能力；通过协作学习，学生可以增强团队合作意识和提高问题解决能力。自主性和协作性的结合，为学生提供了更加灵活、多样的学习体验，有助于提升学生的地理核心素养，促进学生的全面发展。

（七）开放性原则

首先，开放性原则要求课程目标具有开放性。这意味着课程目标应当适应不同学生的需求和能力水平，鼓励每个学生在学习过程中发展自己的个性。信息技术提供了多样化的工具和资源，使得教师可以更好地满足不同学生的需求，从而实现个性化的学习目标。

其次，开放性原则强调课程内容的开放性。这意味着课程内容应该关注学生在实际活动中的学习体验和个性化创造性表现。开放性的内容设计可以激发学生的兴趣，使他们更加积极地参与学习，同时允许他们以不同的方式来探索和理解知识。

最后，开放性原则鼓励合作学习。在现代社会中，合作能力的重要性越来越突出，而信息技术为学生开展合作学习提供了理想平台。学生共同解决问题、讨论观点，并在合作中完成任务，不仅有助于培养学生的团队合作精神，还有助于他们从不同角度进行思考和学习。

（八）动态性原则

地理教学与信息技术融合的教学设计方案，无论是内容还是时间和空间都要具备动态性，确保融合后的教学形式和教学内容能实时更新、及时补充。这不仅能凸显信息技术的重要作用以及信息时代的发展特性，还能使融合后的地理教学体系更加个性化、有序化。

第三节　地理教学与信息技术融合对教师和学生素质的新要求

一、对教师素质的新要求

地理教学与信息技术的融合为教育教学带来了全新的发展机遇，同时对教师的素质提出了新的要求。具体来说，地理教师应该做到以下几点。

（一）具有创新精神

教师的创新精神能够感染、推动学生创新精神的形成和发展。

教师的创新精神表现在以下几方面：能敏锐地判断教育过程中可能出现的新问题和新趋势；能根据实际条件调整自己的教育行为；能开发具有创新性的教学模式、教学方法，组织新颖别致的教学内容；能创造性地把新思想、新观点、新方法融入自己的思维模式中；对解决问题有自己独到的见解。具有创新精神的教师能够通过具有创造性的教学过程为学生的创新发展提供一个有利的环境，尽可能多地创造机会让学生充分发挥创造力。具体来说，教师可以通过创新意识和创新能力两方面体现自身的创新精神。

1. 创新意识

信息技术的快速发展要求教师对既有的教学方法和内容进行持续的审视和优化。教师需要具备探索精神，敢于质疑传统的教学模式，提出新的教学理念和策略。创新意识不仅需要教师敢于突破常规，还需要教师具有清晰的目标感和坚持不懈的探索精神。创新意识能够促使教师在教育教学中引入新的技术工具，设计新颖的教学情境，以进一步激发学生的学习兴趣和创造力。

2.创新能力

创新能力是创新意识的具体体现。在地理教学中，教师需要具备以下几方面的创新能力。

（1）能够准确把握教育目标，将教学的共性要求与学生的个性发展相结合，使教学内容更加贴近学生的实际需求。

（2）能够深入挖掘教材的内涵，将教材主题与培养学生社会化能力结合起来，通过地理知识启发学生对社会现象和自然环境的多维度思考。

（3）能够设计和实施优化的教学方案，充分运用信息技术工具提升教学效率，增强学生的课堂参与感和实践能力。

（4）能够对教学过程中的问题进行科学分析，包括学生的学习情况、自身的教学行为等，并据此及时调整教学策略以满足实际需求。

（二）成为学生学习的组织者和引导者

在地理教学与信息技术的融合中，教师从之前的信息传播者和知识体系呈现者的角色转变为学生学习的引导者，其主要职责也从"教"学生转变为"导"学生，主要体现在以下三个方面。

1.作为学生学习的指导者

在地理教学与信息技术融合的背景下，虽然学生可以访问更丰富的地理学习资源，但同时面临一些挑战和问题，需要教师的专业指导。

学生面临的挑战包括四方面。一是信息超载。互联网上的信息量庞大，一些学生可能不知道如何筛选和评估信息的可信度和质量。二是自主学习困难。在信息化教学环境下，学生需要具备自主学习能力，但不是每个学生都具备足够的自律性和学习策略，因此需要教师的指导来帮助他们培养这些技能。三是技术障碍。一些学生可能对新的技术工具和平台感到陌生，需要教师提供技术支持和培训。四是缺乏方向。一些学生可能不清楚如何设定学习目标、计划学习过程和评估学习成果，需要教师的指导和建议。

面对学生面临的这些挑战，作为学习的指导者，教师需要做到以下几点：①帮助学生进行信息过滤和评估。教师应帮助学生掌握信息筛选和评估的技能，教导他们如何辨别可信的信息来源和有效的资源。②设定明确的学习目标。教师可以与学生一起讨论和设定明确的学习目标，使他们明白为什么要学习特定的内容以及如何与他们的职业目标相联系。③提供学习策略。教师可以分享学习策略，如时间管理、笔记技巧和问题解决方法，以帮助学生更有效地学习。④提供技术支持。教师应提供技术支持，帮助学生解决在使用学习工具和平台时遇到的问题，确保他们能够充分利用这些工具。⑤进行个性化指导。教师可以根据学生的个性化需求提供个性化指导，以了解每个学生的学习风格和弱点，并提供相应的建议。通过合适的指导，学生能够充分利用信息化教学环境，获得更高质量的学习成果。

2.作为学生知识获取的促进者

学习是获取知识的过程，而知识不仅仅可以通过教师的传授获取，还可以是学习者在特定的社会文化背景下，通过自己的努力获得。因此，在地理教学与信息技术融合的背景下，教师的作用将不再仅仅限于将精心组织的知识内容清晰地呈现出来，更重要的是鼓励学生自主探索、理解和应用知识。

第一，教师应激发学生的学习兴趣。教师可以通过使用多媒体、虚拟实验室和互动教材等信息技术工具，创造能够身临其境的学习情境，吸引学生的关注和好奇心。这有助于促进学生更积极地参与知识获取过程。

第二，教师应帮助学生建立知识之间的联系。教师可以提供提示和线索，帮助学生将当前学习内容与他们已有的知识相关联。这有助于学生更好地理解和记忆新知识，使学习更加有深度和有意义。

第三，教师应鼓励学生协作学习。通过组织讨论和交流，教师可以促使学生互相分享思想和观点，共同探讨问题。这有助于学生通过合作获得新的见解和理解，加强对知识的掌握。

第四，教师应提出具有引导性的问题，引发学生的思考和探索。教师可以引导学生自己去发现规律，纠正错误，并在学习的过程中培养批判性思维能力。这种引导性的教学方法有助于学生主动参与知识获取过程，从而更深入地理解和掌握所学内容。

3.作为学生的学术顾问

在地理教学与信息技术融合的背景下，协作学习和个别化学习并存，学生的学习需求各异。教师作为学生的学术顾问，需要为学生提供宏观的引导和帮助，以满足学生的个性化需求。以下是教师作为学生学术顾问的关键职责。

第一，教师应帮助学生确定为完成学业所需学习的知识和技能。这包括评估学生的知识掌握情况，了解他们的学术目标和兴趣，以便制订个性化的学习计划。教师可以提供建议，指导学生选择适合他们的课程和学习材料。

第二，教师应协助学生制订有效的学习计划。这包括帮助学生安排学习时间、制定目标和策略，以确保他们能够高效地完成学业。教师还应提供学术技巧和方法，以提高学生的学习效果。

第三，教师应引导学生进行学术研究。这包括指导学生如何查找和评估学术资源，如何进行文献综述和研究设计，以及如何撰写学术论文和报告。教师的专业知识和经验对学生的研究工作具有重要的指导作用。

第四，教师应定期检查和评价学生的学习情况。这包括跟踪学生的学习进展，并提供反馈和建议，确保学生在学业上取得成功。教师还应与学生合作制定目标，并通过共同努力来实现这些目标。

需要注意的是，教师要面向全体学生，了解和研究每一个学生的需要及其发展的可能性，注重个别指导，尽可能满足学生的不同需要。

（三）成为课程的设计者和开发者

教师成为课程的设计者和开发者，不仅要承担课程实施的责任，还要从课程开发活动的外围逐渐走向深入参与，以课程开发者的姿态承担课程开发的权责。

首先，教师需要重新确定基于新技能和技巧的课程体系。信息技术的快速发展意味着学生需要培养数字素养，掌握信息管理和创新技能等新领域的知识。教师应认真审视课程内容，确保它们与现实世界的需求相符，并根据新的技术趋势不断更新课程。

其次，教师需要重新组织课程的教学形式和策略。地理教学与信息技术的融合为教学提供了丰富的工具和资源，教师应该思考如何充分利用这些工具和资源实现更多的互动，如何更好地激发学生的兴趣，提高他们的参与度，促进他们的个性化学习和合作学习。

最后，教师需要不断评价和完善课程体系。教师作为课程的设计者和开发者，需要保持敏感，随时更新和改进课程。教师还需要不断评估课程的效果，倾听学生的反馈，了解最新的教育发展趋势，并综合这些信息进行课程修订。这样可以确保提供高质量的教育，满足学生的需求。

（四）成为教育教学的研究者

教师不仅应成为知识传授者，还应成为教育教学的研究者。借助先进的媒体传播技术，教师能够更高效地利用时间和精力，从事教育科研。这有助于教师深入了解专业领域，提高教学质量，并实现从传统的教书匠向更具研究精神的研究型教师的转变，成为真正的教育专家。

以下是教师作为教育教学研究者的关键职责。

第一，教师需要研究现代信息技术环境下学生学习的特点和规律。信息技术已经改变了学生的学习方式和学术需求，因此教师需要深入研究这些变化，以更好地满足学生的需求。教师可以研究学生在数字化学习环境中的学习行为，了解他们对在线资源和工具的使用方式，以便调整课程设计和教学方法。

第二，教师需要进行教学实验，研究不同学习情境对学生学习产生的影响。利用先进的媒体传播技术，教师可以采用多样化的学习方式，研究哪些方式能够更有效地促进学生的学术成长。这种实验性的研究有助于发现最佳的教学策略和方法。

第三，教师需要研究如何利用新技术提高学生的思维和问题解决能力。教师应探索如何设计具有挑战性的任务和项目，以鼓励学生运用所学知识解决实际问题。这有助于培养学生的创新能力和批判性思维。

第四，教师需要研究如何利用最佳的信息呈现方式，突破课程中的重点和难点。教师应探索多媒体资源、虚拟实验室和互动性工具的有效应用，以加深学生对复杂概念的理解和记忆。

（五）成为信息技术的应用者

当前正处于知识爆炸和科技飞速发展的时代，这要求教师不仅应是知识的传播者，还应是信息技术的应用者。地理教师应具备的信息技术应用能力标准如表2-1所示。

表2-1　地理教师应具备的信息技术应用能力标准

维度	应用信息技术优化课堂教学	应用信息技术转变学习方式
技术素养	理解信息技术对改进地理课堂教学的作用，培养主动运用信息技术优化课堂教学的意识	了解信息时代对人才培养的新要求，培养主动探索和运用信息技术变革学生学习方式的意识
	了解多媒体教学环境的类型与功能，熟练操作常用设备	掌握互联网、移动设备及其他新技术的常用操作，了解其对教育教学的支持作用

续表

维度	应用信息技术优化课堂教学	应用信息技术转变学习方式
技术素养	了解与教学相关的通用软件及学科软件的功能及特点，并能熟练应用	探索使用支持学生自主、合作、探究学习的网络教学平台等技术资源
	通过多种途径获取数字教育资源，掌握加工、制作和管理数字教育资源的工具与方法	利用技术手段整合多方资源，实现学校、家庭、社会相连接，拓展学生的学习空间
	具备信息道德与信息安全意识，能够以身作则	帮助学生树立信息道德与信息安全意识，培养学生良好的行为习惯
计划与准备	依据课程标准、学习目标、学生特点和技术条件，选择适当的教学方法，找准运用信息技术解决教学问题的契合点	依据课程标准、学习目标、学生特点和技术条件，选择适当的教学方法，确定运用信息技术培养学生综合能力的契合点
	设计有效实现学习目标的信息化教学过程	设计有助于学生进行自主、合作、探究学习的信息化教学过程与学习活动
	根据教学需要，合理选择与使用技术资源	合理选择与使用技术资源，为学生提供丰富的学习机会和个性化的学习体验
	加工制作有效支持课堂教学的数字教育资源	设计学习指导策略与方法，促进学生的合作、交流、探索、反思与创造
	确保相关设备与技术资源在课堂教学过程中的正常使用	确保学生便捷、安全地访问网络和利用资源
	预见信息技术应用过程中可能出现的问题，并制订应对方案	预见学生在信息化环境中进行自主、合作、探究学习时可能遇到的问题，并制订应对方案
组织与管理	利用技术支持，改进教学方式，有效实施课堂教学；让每个学生平等地接触技术资源，激发学生的学习兴趣，保持学生的学习注意力	利用技术支持，转变教学方式，有效支持学生开展自主、合作、探究学习；让学生在集体、小组和个别学习中平等地获得技术资源和参与学习活动的机会

地理教学与信息技术的融合实践

续表

维度	应用信息技术优化课堂教学	应用信息技术转变学习方式
组织与管理	在信息化教学过程中，观察和收集学生的课堂反馈，并据此对教学行为进行有效调整	使用技术工具有效收集学生的学习反馈，并对学生的学习活动进行及时指导和适当干预
	灵活处理课堂教学中由技术故障引发的意外状况	灵活处理学生在信息化环境中开展学习活动时发生的意外状况
	鼓励学生参与教学过程，引导学生提升技术素养并发挥其技术优势	支持学生积极探索和使用新的技术资源，创造性地开展学习活动
评估与诊断	根据学习目标，科学地设计并实施信息化教学评价	根据学习目标，科学地设计并实施信息化教学评价方案，合理选取和利用评价工具
	尝试利用技术工具收集学生学习过程中的信息，并对其进行整理与分析，发现教学问题，提出有针对性的改进措施	综合利用技术手段进行学情分析，为促进学生的个性化学习提供依据
	尝试利用技术工具开展测验、练习等工作，提高评价工作的效率	引导学生利用评价工具开展自评与互评，做好过程性和总结性评价
	尝试建立学生学习电子档案，为学生的综合素质评价提供支持	利用技术手段持续收集学生学习过程及结果的关键信息，建立学生学习电子档案，为学生的综合素质评价提供支持
学习与发展	理解信息技术对教师专业发展的作用，具备主动运用信息技术促进自我反思与发展的意识	
	利用教师网络研修社区，积极参与技术支持的专业发展活动，养成网络学习的习惯，不断提升教育教学能力	
	利用信息技术与专家和同行建立并保持业务联系，依托学习共同体，促进自身专业成长	
	掌握专业发展所需的技术手段和方法，提升信息技术环境下的自主学习能力	
	有效参与信息技术支持下的校本研修，实现学用结合	

-64-

二、对学生素质的新要求

在地理教学与信息技术融合的背景下，学生的素质提升也面临着新的要求，主要体现在以下几方面。

（一）提升批判性思维和创新能力

在信息化时代，学生不仅需要掌握知识，还需要学会如何思考和运用知识。批判性思维是学生提升独立思考能力、问题解决能力的关键。学生在地理学科的教学过程中能够接触到多元的观点和数据，这就要求学生具备较强的批判性思维能力，从不同角度理解和分析地理现象。

1.批判性思维

学生应具备质疑、分析、评价不同地理信息和观点的能力。例如，在学习全球气候变化时，学生应能够思考不同气候变化模型的假设前提和局限性，判断不同数据源的可靠性，并独立得出自己的见解。这要求学生不仅要学会接受和记忆知识，还要学会如何辨别信息的真伪，理解和分析信息背后的逻辑。

2.创新能力

信息技术的应用为学生提供了更广阔的思维空间。学生在面对复杂的地理问题时，能够利用现代信息技术进行数据分析和模拟实验，从而发展自己的创新能力。例如，通过利用地理信息系统技术分析土地利用模式，学生能够提出新的观点或设计新的解决方案，从而进一步推动创新能力的发展。

（二）提升自主学习与终身学习能力

在信息技术快速发展的今天，知识更新的速度日益加快，学生的学习方式也需要相应进行调整和优化。在此背景下，学生应当具备较强的自我管理能力，主动探索知识，提升自主学习与终身学习的能力。

1. 自主学习能力

学生需要学会利用在线学习平台、电子书等工具开展自主学习。借助教师推荐的学习资料和互动平台，学生应能自主选择学习内容，制订学习计划，深入探究感兴趣的地理问题。例如，学生可以通过在线地图和虚拟实地考察平台自主学习地理知识，并在课外独立完成实践项目。

2. 终身学习能力

在信息技术迅猛发展的今天，终身学习能力已成为学生适应未来社会不可或缺的能力。随着知识更新换代速度的加快，单纯的学校教育已无法满足学生长远发展的需求。因此，学生需要具备终身学习的意识和能力，即不断更新和完善自己的知识体系，适应不断变化的社会与科技环境。终身学习不仅是课堂教学的延续，更是一种主动的、自我驱动的学习态度，要求学生通过各种途径、平台和方式，持续获取新知识。终身学习能力不仅能帮助学生不断丰富自己的专业知识，还能培养他们解决问题、适应变化、创新思维的能力，这对他们的职业发展和社会适应能力的提升至关重要。

（三）提升团队合作与沟通表达能力

信息技术的应用不仅改变了学生的学习方式，还为学生之间的合作与互动提供了新的平台。在地理教学中，学生可以通过小组合作、项目研究、在线讨论等方式进行互动，培养团队合作精神与沟通能力。团队合作与沟通能力对学生在现代社会中的成长尤为重要，尤其是在面对复杂的社会问题时，学生能通过合作共同寻找解决方案。

1. 团队合作能力

在地理项目研究中，学生需要与他人协作，共同完成任务。例如，在进行某个地区环境变化的调查和分析时，学生可以分工合作，每个小组负责不同的工作，如数据收集、分析和报告制作，最终汇集成果。通过这种合作，学生不仅能提高自己的任务分工能力，还能学会协调和处理团队中的不同意见和观点。

2.沟通表达能力

信息技术提供了更加便捷的沟通方式，学生可以通过网络平台、电子邮件、社交媒体等工具进行沟通和交流。地理学科的学习常常涉及大量的研究数据和信息分析，学生需要在团队内部进行有效的沟通，并向他人清晰地表达自己的观点。通过组织和展示地理项目研究成果，学生不仅能提高自己的演讲和写作能力，还能加深与他人合作的信任度与理解。

（四）提升信息素养

具备一定的信息素养是现代信息化社会对学生的特定要求。学生应具备的信息素养主要包括以下四方面，如图 2-3 所示。

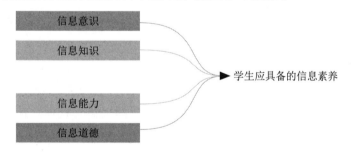

图 2-3　学生应具备的信息素养

1.信息意识

信息意识，即信息敏感度，是人们从信息角度对自然界和社会的各种现象、行为、理论观点等的理解、感受和评价的能力。通俗地讲，面对不懂的东西时，能积极主动地寻找答案，并知道到哪里、用什么方法去寻找答案，这就是信息意识。信息时代处处充满了知识与资源，学生能否迅速发现和捕捉有价值的信息，是其信息意识强弱的重要表现。具体来说，信息意识要求学生面对未知问题时能够积极主动地寻求答案，并且清楚地知道到哪里寻找信息以及如何使用适当的方法进行搜索。例如，在地理教学中，如果学生能够通过互联网快速查找相关地理数据和案例分析，就说明其具有良好的信息意识。

2. 信息知识

信息知识是指学生对信息科学技术基本原理和方法的理解与掌握。它不仅包括对信息技术工具基本操作方法的掌握，还包括对信息科学理论的认识以及对信息技术发展趋势的了解。只有具备扎实的信息知识，学生才能更好地理解和应用信息技术，将其转化为高效学习与解决实际问题的手段。例如，在地理教学中，学生应能掌握地理信息系统、遥感技术等的基本功能，并了解这些技术的工作原理和应用场景，从而在项目研究中做到得心应手。对信息知识的掌握还直接影响学生对信息技能的学习和应用，进而影响学生信息能力的发展。没有足够的信息知识作支持，学生难以深度挖掘信息技术的潜力，从而难以在信息社会中立足。

3. 信息能力

信息能力是信息素养的核心，涵盖信息的采集、处理、传递和应用等，是学生在信息时代适应学习与生活的关键技能。信息能力不仅体现在学生对信息系统的基本操作上，还体现在学生对信息的分析、整合与创造性应用上。例如，在地理教学中，学生需要掌握如何从多渠道获取地理数据（如在线地图、统计资料），并利用技术工具对这些数据进行加工和分析，最终形成有价值的结论。如果学生缺乏信息能力，即使具备丰富的信息知识，也无法有效地将知识转化为实际应用。信息能力还涉及学生对信息系统的评价，包括对工具适用性和数据可靠性的判断能力。信息能力不仅能提高学生的学习效率和质量，还能为学生解决复杂问题和提升创新能力提供重要支持。因此，培养学生的信息能力是全面提升其信息素养的重中之重，也是其在信息社会持续发展的核心竞争力。

4.信息道德

信息道德是学生在信息使用过程中的伦理观念和行为规范。信息道德要求学生在接触和利用信息资源时，能够自觉遵守道德与法律规定，抵制不良信息的诱惑，并在信息活动中保持诚信。例如，学生需要学会辨别信息的合法性，避免下载侵权内容或传播虚假信息。信息道德还包括不组织或参与非法活动，如利用网络从事攻击他人系统或侵犯他人隐私的行为。在信息丰富的数字化环境中，学生不仅要学会选择对自己学习和生活有帮助的内容，还要对不健康内容保持警惕并主动抵制。这种道德修养有助于学生培养责任意识和社会意识，从而正确地利用信息资源，为构建良好的信息社会作贡献。

第四节　信息技术支持下的地理教学环境

一、多媒体教室

（一）多媒体教室的概念

多媒体教室是由多媒体计算机、投影仪、投影屏幕、视频展示台、音响设备、中央控制系统等现代教学设备组成的。多媒体计算机是演示系统的核心，负责教学软件的运行和课件的播放；投影仪和投影屏幕是教学信息输出的主要设备；视频展示台可以进行实物、图书资料和图片的投影；音响设备实现音频的播放；中央控制系统用系统集成的方式，将多媒体教室中的所有设备集成在一个平台上，从而实现对所有设备的管理和控制。

（二）多媒体教室的功能

第一，连接闭路电视系统。多媒体教室通过连接闭路电视系统，可为学生提供直观、生动的学习体验。教师可以利用这一功能，实时展示相关教学视频或图像，使抽象的知识内容变得具象、直观。此外，闭路电视系统还支持教师进行现场演示和实验，学生可以清晰地观看，增强学习的实效性和参与感。

第二，连接校内外网络。多媒体教室与校内外网络的连接为教师提供了无限的教学资源。教师能够轻松访问互联网上的资料，将最新的信息和知识融入课程，增强教学内容的时效性和吸引力。学生也能在教师的引导下，利用网络资源进行自主学习和探究。

第三，演示各类教学课件。多媒体教室支持各种格式的教学课件，无论是文字、图片还是视频动画，都能清晰呈现。这使得教师可以用丰富多样的媒体形式呈现教学内容，满足不同学生的学习需求，增加课堂的活跃度和提高学生的学习兴趣。

第四，播放教学录像。通过播放教学录像，学生可以多角度、多层次地理解知识点。教师可以随时暂停录像，对知识点进行解释和分析，帮助学生更深入地理解。学生也能通过回放进行自我评价和自我纠正，提升学习效果。

第五，创设教学情境，激发学生学习兴趣。多媒体教室可以创设各种教学情境，通过视觉和听觉的刺激，激发学生的学习兴趣。教师可以根据教学内容设计情境，引导学生进行角色扮演或小组合作和讨论，从而培养学生的实践和协作能力。

第六，利用计算机网络技术实现远程的音频、视频传输。这一功能使得多媒体教室不再仅局限于校园的学习空间，还可以扩展到任何有网络的地方。此外，教师和学生可以通过网络与国内外的专家学者进行实时交流，获取第一手资料，促进全球教学资源共享。这有助于大大开阔教师与学生的视野，提升教学质量和学习效率。

二、在线教学平台

（一）在线教学平台的概念与组成

在线教学平台是运用软件工程技术和信息网络技术，实现在线教育的硬件设施和工具软件系统。在线教育平台旨在模仿真实的学习环境，让学生足不出户便可以学到自己所需的知识。一个完整的在线教学平台通常由三部分组成：课程开发与管理、教学服务与学习支持、学习与教学管理，如图 2-4 所示。

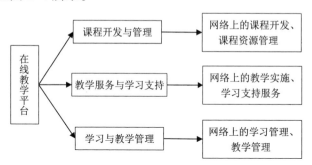

图 2-4　在线教学平台的组成

（二）在线教学平台的价值

在线教学平台的价值主要体现在以下三个方面。

1.提供海量资源

在线教学平台可以提供海量的资源，而且这些资源是面向全球开放共享的，学生可以结合自身需求在平台上选择合适的学习资源。

2.提供良好的学习环境

在线教学平台在提供海量资源的基础上，还为学生搭建了一个良好的学习环境。虽然不同的在线教学平台在功能上存在差异，但一般包含课程点播、学习监控、练习测试、学习评价等功能，这些功能既是搭建学习环境的基础，也是学生系统性学习的重要保障。

3.提供互动学习社区

在线教学平台不受时间和空间的限制，不同地区的教师和学生可以实现互动交流（包括即时交流和非即时交流），这对提升学生学习的主观能动性、拓展学生的思维都具有非常积极的作用。

第三章　地理教学与信息技术融合的理论基础

第一节　学习理论

学习理论是研究人类学习本质及形成机制的心理学理论。在众多学习理论中，对信息技术影响较为深远的主要包括认知主义学习理论、建构主义学习理论以及人本主义学习理论。这些学习理论为地理教学与信息技术的融合提供了重要支持。

一、认知主义学习理论

认知主义学习理论是在格式塔学派的认知主义学习论的基础上发展起来的，是 20 世纪 50 年代中期之后，随着布鲁纳等一批认知心理学家的研究而兴起的。

认知主义学习理论的基本观点包括以下几点。

（1）学习不是外在刺激和行为反应之间的直接联结，而是知识的重新组织，即学习是认知结构的重塑。其核心公式是 S—AT—R，即客体刺激（S）只有被主体同化（A）于认知结构（T）之中，才能引起对刺激的行为反应（R），即学习才能发生。在这个框架下，学习被看作一个内部的、心理的过程，其中学生不是被动的信息接收者，而是主动的信息处理者。他们通过对新信息的分析、解释和整合，将其融入自己已有的知识体系。这一过程涉及信息的同化和认知结构的调整，这意味着学习不仅仅发生在行为层面，还在认知和心理层面得到体现。

（2）学习不是一个渐进的、基于尝试和错误的过程，而是突然领悟和理解的过程。在这一视角下，学习者在面对新问题和信息时，通过内部的思考和反思，能够突然间建立新的知识联系和认知结构。这种顿悟式的学习凸显了人的内在思维能力和解决问题的创造力。

（3）学习为信息加工过程，人脑好似计算机，人们接收、存储、处理和检索信息，就像计算机执行程序一样。这一观点鼓励教育者使用计算机模型来解释和理解人的学习行为，通过模拟人的认知和学习过程，更好地理解学生的学习需求和挑战，从而设计出更有效的教学方法和工具。

（4）学习依赖智力和理解，而非盲目的尝试。学生需要先掌握一个问题或概念的整体视图，再深入细节和具体的知识点。这意味着如果学生无法从宏观层面理解某个概念或问题，也会影响他们在细节和具体层面的学习。

（5）外在强化不是学习发生的必要条件。学习可以在没有明显的外界奖励和惩罚的情况下自发产生。这一观点将焦点转向学生的内在动机和自我驱动的学习，强调了学生的主动性、创造性和探索性，指出学习是一个内在驱动的自我调节过程。

在地理教学与信息技术融合的研究中，研究者开始关注学习者的内部心理过程，并强调学习者的认知规律，不再单纯地将学习看作外部刺激引起的适应性反应，而是将其看作学习者在原有认知结构的基础上，对外部刺激所提供的信息主动做出的有选择的信息加工过程。认知主义学习理论对地理教学与信息技术融合的指导意义主要体现在以下几个方面。

第一，认知主义学习理论关注学习者与学习材料的互动，信息技术则可以提供丰富的交互手段，如虚拟现实模拟地理环境、多媒体动画展示地理现象等。这种互动有助于增强学生的主动学习意识，提升地理学习的深度和效果。

第二，认知主义学习理论强调培养学习者的知识迁移能力，信息技术可以为此提供工具支持。

第三，认知主义学习理论认为，学习材料的呈现方式会影响学习效果。利用信息技术，可以通过图表、地图、三维模型等多种方式直观呈现复杂的地理信息，这符合学生的认知规律，有利于提高学习效率。

第四，信息技术可以帮助学生监控和调整自己的学习过程，这与认知主义学习理论的元认知能力培养目标一致。例如，通过地理学习软件的实时反馈功能，学生可以评估自己的学习进度和理解程度，并据此进行自我调节和改进。

二、建构主义学习理论

建构主义学习理论是在认知加工学说的基础上发展而来的，代表人物有杜威（John Dewey）、皮亚杰（Jean Piaget）等。建构主义学习理论认为，人类是在自己已有经验的基础上去建构和解释现实的，由于每个人的经验不同，每个人对客观世界的理解也自然不同。具体而言，建构主义学习理论的基本观点可归结为以下四点。

（1）学习是学习者主动建构内部心理表征的过程，包括结构性知识及非结构性的经验背景。在这一过程中，学习者对知识的理解并不是由外界输入的，而是在自身已有经验的基础上，通过与外界的相互作用形成的对知识新的理解和认知。

（2）建构的过程既包含对新信息的意义建构，又包含对原有经验的改造和重组。建构主义学习理论对后一种建构尤为重视。建构主义学习理论认为，学习者在学习过程中并非简单发展供日后用以指导活动的图式或命题网络，他们形成的对概念的理解是丰富的、有着经验背景的，在面临新的情境时，能够灵活地建构起用于指导活动的图式。

（3）由于每个人的经验不同，在学习的过程中，不同学生对知识的理解也存在差异，这种差异为学生的合作学习提供了理论基础。因为差异代表着多元，通过合作学习，学生可以看到与自己不同的观点，从而丰富他们的认知。

（4）情境、协作、会话、意义建构是学习环境的四大要素。

①情境：在教学中，情境的创设是教学设计中的一项重要内容，且

创设的情境需要有利于学生对学习内容的建构。

②协作：在建构知识的过程中，学生要加强彼此之间的协作。

③会话：包括教师与学生间的会话以及学生之间的会话。

④意义建构：在学习过程中帮助学生建构意义是指帮助学生对当前学习内容反映的事物性质、规律以及事物之间的内在联系达到较深刻的理解，而这种理解在大脑中的长期储存形式就是学生关于当前所学内容的认知结构。

以建构主义学习理论为支撑，地理教学与信息技术的融合过程应为学生提供各种学习环境，以此促进学生对新知识的意义建构。当然，虽然建构主义学习理论强调以学生为中心，重视学生对知识的自主建构，但不能因此否定教师的"教"，作为学生学习的指导者和组织者，教师的"教"能够促进学生对新知识的意义建构，如果忽视或否定教师的作用，将很难达到理想的效果。

三、人本主义学习理论

人本主义心理学是 20 世纪五六十年代在美国兴起的一种心理学思潮，其主要代表人物是马斯洛（Abraham H. Maslow）和罗杰斯（Carl R. Rogers）。人本主义学习理论强调人的自主性、整体性和独特性，认为学习是个人自主发起的、使个人整体投入其中并产生全面变化的活动，学生内在的思维和情感活动极为重要；个人对学习的投入不仅涉及认知方面，还涉及情感、行为和个性等方面；学习不仅对认知领域产生影响，还对行为、态度和情感等多方面产生影响。在教学方法上，人本主义学习理论主张以学生为中心，放手让学生自主选择、自主发现。人本主义学习理论强调人的潜能、个性与创造性的发展，强调自我实现、自我选择和追求健康人格的塑造。人本主义学习理论的基本特点是重视学习的情感因素。

人本主义学习理论的基本观点包括以下几点。

（1）强调人的价值和尊严。在这一理论中，学生不仅被视为学习者，还被视为独特的个体，他们的感受、想法和需要都受到充分重视。教育不应仅仅关注知识和技能的传递，还应关注学生的全面发展，包括他们的情感、态度和价值观。这要求教育者尊重学生的主观性和选择能力，创建一个支持学生自我发展的学习环境。

（2）学习是自我实现和个人成长的途径。学生被鼓励探索自我、实现潜能。学习不仅是知识的累积，更是自我意识和自我价值的建构过程。教育的目标是帮助学生成长为更完整、更自由的人，这要求教育者关注学生的内在动机，支持他们的自我探索和自我表达。

（3）学生是学习的主体，他们有能力也有权利控制自己的学习，教育者的任务是支持和促进，而非控制和指挥。这意味着教育不再是自上而下的知识传递，而是一个共同探索、共同成长的过程。教育者需要尊重学生的自主性，给予他们足够的选择自由，让他们参与决策，负责自我学习。

（4）强调人际关系的重要性。一个支持、尊重和接纳的环境，不仅能促进学生更积极地参与学习，更能促进学生的自我表达和自我探索，帮助他们建立自信，提升人际交往技能。教育者需要建立真诚、开放和平等的人际关系，与学生一起建立一个积极、健康的学习社区。

人本主义学习理论对信息技术与地理教学融合的指导意义主要体现在以下几方面。首先，人本主义学习理论强调尊重学生的个体差异，信息技术可以通过智能教学系统提供个性化的学习路径，根据学生的兴趣、能力和学习进度动态调整教学内容，从而满足学生的个性化需求。其次，人本主义学习理论注重学生的情感体验，信息技术能够通过多媒体手段，提升地理学习的趣味性并增强地理学习的沉浸感，激发学生的学习动机和积极情感。最后，人本主义学习理论提倡以学生为中心的信息交流，信息技术提供了丰富的交互工具，支持学生主动参与学习过程，提高自我表达与反思能力，促进地理教学的人本化发展。

第二节 教学理论

教学理论是研究教学活动规律的理论，对地理教学与信息技术的融合也具有一定的指导意义。本节主要介绍发展性教学理论和结构—发现教学理论。

一、发展性教学理论

发展性教学理论是 20 世纪六七十年代产生于苏联的一种教学理论，其代表人物是苏联著名的教育家和心理学家赞科夫。发展性教学理论强调学生的一般发展，而不是局限于认知能力的发展。这是因为无论学校教给学生多少知识，学生在毕业后，仍旧不可避免地会遇到不熟悉的知识，而具备了相应智慧、意志和情感品质的人，能迅速地辨明方向和掌握他不熟悉的资料。

发展性教学理论的主要观点包括以下几方面，如图 3-1 所示。

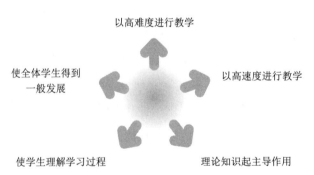

图 3-1 发展性教学理论的主要观点

（一）以高难度进行教学

该观点是指教学要有一定的难度，大致包含两层含义：一是克服障碍；二是学生的努力。以高难度进行教学可以引起学生在掌握教材时产生一些特殊的心理活动，这些心理活动有助于促进学习的深入。因此，教学内容要在充分满足学生求知欲的同时，结合学生的认知水平，适当提高教学难度。需要注意的是，"高难度"并不是说越难越好，而是要掌握一定的度，这样才能在张弛有度的教学中有效地促进学生发展。

（二）以高速度进行教学

在教学中进行多次、单调的重复，不仅会浪费时间，拖慢教学进度，还会影响学生的发展。基于此，发展性教学理论强调以高速度进行教学。其具体含义是减少教学过程中的无效重复，以此来加快教学进度，同时在较快的教学进度中拓宽知识的广度，从拓宽知识的广度中拓展知识的深度。发展性教学理论认为，学生一旦掌握了某些知识，便需要继续获得新知识，而不是原地踏步。当然，此处所指的"高速度"并非越快越好，而是需要学生真正理解了知识，才可以继续下一步的引导。适宜的速度就是要与学生的最近发展区相适应，从而最大效率地促进学生的发展。

（三）理论知识起主导作用

该观点强调那些说明现象的相互依存性及内在本质联系的系统知识应在教学内容结构中占主导地位。此处所说的"理论"是相较于实践这个概念而言的。虽然现代教育理念强调实践的重要性，但理论知识作为实践的基础，其重要性不言而喻，而且强调实践也不是一味地实践，而是追求理论与实践相结合。因此，无论在任何时期，理论都是重要的基础，都应该起主导作用。显然，发展性教学理论的"理论知识起主导作用"这一观点就是尊重的这一事实。该观点认为理论知识可以揭示事物的内在联系，学生掌握理论知识后，便可从根本上把握事物的内在联系，并由此展开思考，实现知识的迁移，最终实现一般发展。

（四）使学生理解学习过程

该观点认为，学生在理解知识本身的同时，还应理解知识是怎样学到的，即学生要学会学习。因此，教师在教学过程中需要重视学生学习活动的内在机制。在 21 世纪，学会学习的能力非常重要，这是个体不断发展的一项重要能力，也是个体实现终身学习的一项重要能力。面向 21 世纪教育的四大支柱，就是要培养学生学会四种本领：学会求知、学会做事、学会共处、学会做人。其中，学会求知指向的就是学生学习能力的培养，学生要乐学、学会、会学，从而为终身发展奠定坚实的基础。

（五）使全体学生得到一般发展

使全体学生得到一般发展是发展性教学理论的一个重要观点，这意味着教育应致力于确保每个学生都有机会发挥其潜能。这一观点强调教育的普惠性和平等性，即无论学生的背景、能力或需要如何，都应获得质量和效果相当的教育。在践行这一观点时，教师需要考虑到教学策略和资源的公平分配，确保教育机会的均等。教师的角色不再仅仅是知识的传授者，还是学生个人发展的促进者。教师需要关注每个学生的特殊需求和潜能，并为他们提供差异化和个性化的教学。通过这种方式，所有学生都能在一个具有支持性、包容性的环境中成长，不仅能学到知识，还能发展思维能力、社会技能和个人品质。

发展性教学理论对地理教学与信息技术融合的指导作用显著。它引导教育者通过技术手段关注每个学生的个性化需求，用更加人性化和灵活的方式推进教学活动。这一理论倡导使用信息技术来深化学生的学习体验，使之不局限于课堂。这一理论强调学生在自主、合作和探究性学习中的主体地位，信息技术在保障学生主体地位方面起到重要作用。学生可以通过网络、多媒体等数字工具访问丰富的学习资源，开展虚拟实验和在线合作，从而在实践和探究中不断提升自我。教师也可以通过信息技术更好地了解学生的学习进程和需求，从而提供更具针对性的指导和支持。

二、结构—发现教学理论

结构—发现教学理论的产生可以追溯到 20 世纪 60 年代，其根源与认知心理学的兴起密切相关。该理论的代表人物是美国著名教育心理学家布鲁纳。结构—发现教学理论的主要观点如下。

（一）要学习和掌握学科的基本结构

该观点主张学生不仅要学习学科的知识内容，还要深入探究并掌握学科内在的基本结构和核心原理。在这一过程中，学生需要学会如何整合学科的不同知识点，从而形成一个完整、系统的知识体系。学科的基本结构不仅包括知识和概念，还包括相关的思维技能、解决问题的策略以及实验和实践的方法。学生只有掌握了这些基本结构，才能够更好地理解、分析和评价新的信息和知识，从而形成深层次的学科素养。此外，对学科基本结构的深入理解还有助于学生提升元认知技能，更好地监控和调整自我学习进度，提升学习效果和效率。

地理教学与信息技术的融合能够帮助学生更直观、更深入地理解地理学科的基本结构。教师可以利用信息技术实现个性化教学，即根据每个学生的学习进度和需求，提供量身定制的学习路径和资源，确保学生在理解和掌握学科基本结构方面得到充分支持。

（二）要组织螺旋式课程

螺旋式课程的设计理念认为，核心概念和技能需要通过不断循环和深化的过程逐步学习和掌握。每一次的学习都应在先前的基础上达到新的层次和维度，这样学生才有机会从不同的角度、深度探索和理解学科内容。这样的设计能帮助学生形成更为全面系统的知识结构，避免表面化和碎片化的学习。螺旋式课程注重知识的连贯性和整体性，强调通过将新知识与既有知识紧密联系，促进学生认知和技能的综合发展。

在地理教学与信息技术融合的背景下，编制一个好的螺旋式课程应从以下三个方面着手。

第一，课程内容的编排要系列化。系列化的课程内容编排可以通过数字化课程平台和智能教学管理系统来实现。数字化课程平台和智能教学管理系统能够存储和管理大量的教学资源，并通过算法将资源按照逻辑和复杂度进行分类和排序，构建系列化的学习路径。教师可以根据学生的学习进度和需求，灵活选择和调整教学内容和活动，来确保学生的学习是有序和连贯的。

第二，使学科的知识结构与学生的认知结构相统一。信息技术提供了多种实现学科知识结构与学生认知结构相统一的工具和方法。例如，通过人工智能和数据分析，教师可以获得学生的学习数据和分析报告，了解学生的认知水平和学习需求，并据此调整教学策略和内容，确保学科知识结构与学生认知发展阶段相匹配。

第三，重视知识的形成过程。在线学习平台和应用程序通过实时反馈和互动，可以使学生即时了解自己的学习进度和效果，并及时调整学习策略和方法。在这样的学习环境中，学生可以通过实践，反复修正知识，提升技能，实现深层次的学习。教师可以通过技术获取学生的学习数据，并对学生的学习效果进行精准评估和指导，帮助学生优化知识的形成过程，实现有效且高质量的学习。

（三）要广泛使用发现法

发现法是一种以学生为中心的教学方法，它注重激发学生的好奇心和探索欲，将学习过程视为一个寻找、探索和发现的过程。在运用这一教学方法时，学生被引导去积极探索问题、寻找答案，而不仅仅是被动地接受知识。这样的学习过程能够帮助学生构建深层次、有内在联系的知识体系，培养他们的分析、评价和创造能力。发现法还强调学生的自我发展和自我指导能力，学生需要学会设定目标、计划学习和评价结果，这不仅有助于学生对知识和技能的掌握，还对他们元认知能力的发展和自我效能感的增强具有积极影响。

发现法教学的一般步骤如下。

（1）设置问题情境。教师需要创建一个具有创造性和启发性的学习环境，促使学生自我探索和学习。学生通过观察具体事物，带着特定问题进行探讨，拓展思维。

（2）提出假设。学生通过问题讨论、材料改组和经验联系等方式，综合已有知识和新信息，提出可行的假设。这一过程可促进学生批判性思维和分析性思维的发展。

（3）上升到概念或原理。这一阶段要求学生通过实验、讨论和反思，验证和完善假设，最终形成清晰、准确的概念或原理。在这一阶段，学生的深层次理解和知识整合能力得到进一步发展。

（4）培养实践能力。学生需要将形成的概念或原理应用于实际情境，解决实际问题。这不仅有助于知识和技能的巩固，还有助于培养学生的创造性能力和实践能力。整个发现法教学过程注重学生的主动性和创造性，通过具体、有意义的学习活动，帮助学生形成深层次、有内在联系的知识和技能体系。

地理教学与信息技术的融合为发现法教学提供了广阔的实施空间。教师可以利用虚拟实验室、在线资源等，创建一个开放、探索性的学习环境，学生可以在其中自由探索，进行实践，发现并解决问题。

第三节 视听与传播理论

一、视听教育理论

20 世纪 40 年代，美国教育家戴尔（Edgar Dale）从对教学实践的研究中总结了一系列视听教学方法，出版了《视听教学法》一书，提出了"经验之塔"理论。该书对视听教育的发展起到了推动作用。"经验之塔"理论也成为教育技术中的一个重要理论，在指导教育技术实践方面具有重要的意义和作用。

（一）视听教育理论的基本观点

根据视听教育理论，人类学习经验可分为"做"的经验、"观察"的经验和"抽象"的经验三大类，并按抽象程度分为十个层次。

1. "做"的经验

"做"的经验是指通过亲身实践和直接参与获得的具体的学习经验，包括以下三个层次。

（1）有目的的直接经验。学习者在特定目标的引导下进行实际操作，如实地考察地形或采集样本，直接感知学习内容。

（2）设计的经验。通过策划和创造性活动，如设计地理实验方案或规划地图绘制过程，获得经验。

（3）参与活动的经验。学生主动参与团队任务或社会实践，如地理野外调查，获得合作与实践经验。

2. "观察"的经验

"观察"的经验是指通过感官直接获得的信息，属于较为具体的学习经验，包含以下五个层次。

（1）观摩示范。观察教师或专家的操作示范，如地理仪器的使用方法。

（2）见习、旅行。通过实地参观或短期学习了解自然与人文现象，如参观地质公园或气象站等。

（3）参观展览。通过参观展览获取丰富的地理知识。

（4）电影、电视。利用动态影像直观学习地理知识，如观看相关纪录片。

（5）广播、录音、照片、幻灯片等。通过音频和静态视觉资料感知地理知识，如收听天气预报或观看风景照片。

3.“抽象”的经验

“抽象”的经验是指基于符号与语言的间接学习方式获得的信息，包含以下两个层次。

（1）视觉符号。通过图表等视觉材料分析地理信息，如解读等高线图。

（2）语言符号。通过文字与语言描述理解复杂的地理概念，如阅读地理教材或听地貌成因的理论讲解。

（二）视听教育理论的重要意义

第一，把学习经验分为具体和抽象两类，提出学习应从生动直观向抽象思维发展，符合人类的认识规律。在由具体向抽象过渡的过程中，视听教材处于较具体的一端，这构成了教学中应用视听教材的理论依据。

第二，提出了视听教材分类的理论依据，即应以其所能提供的学习经验的抽象程度作为分类依据。这一理论强调根据教学媒体在教学过程中的作用来分类，而不应该仅以简单列举方式来分类。这为教学媒体分类学的研究以及教学媒体的选择研究奠定了基础。

第三，视听教材必须与课程相结合。当今，信息技术面临的重要问题之一就是网络媒体的利用与推广，而视听教育理论为人们提供了理论指导。首先，它可以帮助教师找到网络媒体在教学中的位置，教师可以很容易地把新的教学手段加入"经验之塔"的适当位置上。其次，网络媒体必须与课程相结合是需要所有教育工作者牢记的。因为现已存在在教学中盲目使用网络的问题，而这是在使用新媒体时必须防止的不良倾向。

二、传播理论

传播理论产生于 20 世纪 40 年代，该理论主要研究人类的传播行为。从某种意义上说，地理教学活动也是一种传播活动，并且这种传播活动有其内在的规律性。与大众传播相比，教育传播有其独特性，但二者也有诸多共通之处，所以传播理论可以作为地理教学与信息技术融合的一个重要理论基础。

（一）传播的概念与类型

1. 传播的概念

传播最初为传达、通信、联系之意，后来专指信息的交流和交换。具体来说，传播就是传播者依靠一定的媒体或形式将信息传递给接收者，以达到信息交流和信息共享的目的的行为。该概念的界定可从以下三个方面来理解。

（1）传播是传播者和接收者传递、接收、反馈信息的一种行为或一个过程。

（2）传播是信息交流和信息共享的互动过程。

（3）传播是建立和改变人们认知结构，影响与调节各自行为的过程。

2.传播的类型

传播的类型有很多，主要包括人际传播、组织传播、大众传播和教育传播四种。

（1）人际传播。人际传播是指个体之间通过语言、非语言符号等媒介进行的信息交流与互动。这种传播是人类社会中最基本、最直接的传播形式，通常发生在面对面的场景中，也可以通过电话、即时通信等媒介实现。人际传播具有情感性、即时性和互动性等特征，传播内容可以随着交流双方的反馈不断调整。

（2）组织传播。组织传播是指在特定的组织环境中，为实现组织目标而进行的信息传递和沟通活动。它包括组织内部的纵向沟通（上下级之间）和横向沟通（同级之间），通常具有规范性和目标导向性特征。组织传播强调信息的层级传递和协作功能，如教学计划布置、教学研究会讨论等。

（3）大众传播。大众传播是指通过各种媒体和渠道向广大的受众传递信息的过程。在这种传播方式中，信息从一个或多个源头经过媒体的编码和传输，被广泛地传播给受众。大众传播具有广泛的覆盖面、快速的传播速度和高效的影响力。在教育领域，大众传播通过传播教育信息、知识和价值，对公众的认知、态度和行为产生影响。

（4）教育传播。教育传播专注于教师教学和学生学习过程中的信息传递和知识分享，既包括教师向学生传授知识、技能和态度的过程，也包括学生之间、学生与教材以及学生与教育技术工具之间的互动。教育传播关注如何更有效地设计、实施和评估教学活动，以促进学生的学习和发展。在现代教育中，教育传播越来越依赖技术和媒体，强调通过各种创新的教学策略和工具，使教育更具个性化、多元化和动态化。教育传播的研究和实践有助于提升教学质量和学生的学习成效，推动教育的创新和进步。

（二）教育传播的方式、过程与原理

1. 教育传播的方式

根据教育传播中传播者和受传者之间的关系，可以将教育传播分为以下四种方式，如图 3-2 所示。

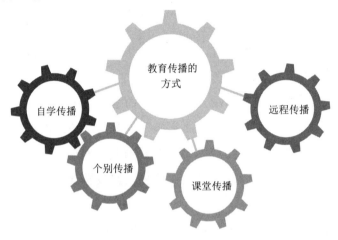

图 3-2　教育传播的方式

（1）自学传播。自学传播是指学习者通过自主学习进行知识获取和信息交流的教育传播方式。这种传播方式强调学习者的主动性和独立性，通常以教材、参考书、数字资源等作为传播媒介。随着信息技术的发展，在线课程、电子书籍和自学平台极大地丰富了自学传播的形式和资源。在地理教学中，自学传播可通过学生查阅数字地图、观看地理纪录片及使用地理模拟软件等实现。其优势在于学生可以根据自身需求选择学习内容和进度，但这要求学生具备较强的自我管理能力和资源筛选能力。

（2）个别传播。个别传播是指教师针对个体学生进行的一对一的教育传播方式。这种方式强调传播内容的个性化和针对性，是实现个别化教学的核心手段。例如，教师根据学生的学习能力和需求，为其单独讲解地理概念或分析个别学习问题。信息技术的应用使个别传播更具可操作性，如通过智能学习系统生成个性化的学习报告，或通过即时通信工具实现个别辅导。个别传播能够有效提高学生的学习效率，增强学生学习的针对性，但对教师的精力要求较高。

（3）课堂传播。课堂传播是最传统、最常见的教育传播方式，指教师在课堂上面向全班学生进行系统知识的传授和交流。课堂传播具有高效性和结构化的特点，是学校教育的主要形式。在地理教学中，课堂传播的方式包括讲授地理理论、组织课堂讨论及开展互动实验。课堂传播兼顾了知识传递与互动学习，但需要教师在内容设计和时间管理上下功夫。

（4）远程传播。远程传播是指借助信息技术工具，实现跨时间和跨空间的教育传播方式。这种传播形式突破了传统课堂的局限性，通过互联网、视频会议、在线学习平台为学生提供教学内容。在地理教学中，远程传播可以通过直播课程、虚拟地理实验室等方式实现，为无法进入实体课堂的学生提供教育机会。远程传播的优点是覆盖面广、灵活性高，但对技术支持、学生的自律性和互动效果提出了更高要求，是现代教育传播的重要发展方向。

2. 教育传播的过程

教育传播的过程是一个由教育者借助教育媒体向受教育者传递与交换教育信息的过程。通常来说，教育传播的过程可分为以下六个阶段。

（1）确定教育传播信息。教育传播的第一步是明确传递的信息内容，其依据是教育目标和课程教学培养要求。教育者需要深入研究教学大纲和教材，然后将课程内容分解为具体的知识点，并确定每个知识点的学习目标。在地理教学中，教师可以将某节内容分为地貌类型、分布规律等知识点，并明确学生需要掌握的程度。这一步确保了要传递信息的准确性，为整个教育传播过程奠定了基础。

（2）选择教育传播媒体。选择适当的媒体呈现教育信息，是信息编码的重要环节。媒体的选择需要综合考虑内容的准确性、学生的认知水平、资源的可得性和传播的效果。在地理教学中，教师可根据教学内容选择地图、动画、视频或虚拟现实技术等。教育者需要优先选择现有的媒体资源，如必须购置或设计新的教育传播工具，应确保新媒体与教学内容和学生特点高度契合，从而提升传播效果。

（3）通道传送。通道传送是指教育者通过设计传播结构，将信息通过媒体有序传送给受教育者。在此阶段，教育者需要解决信息传播的范围和顺序问题。在地理教学中，教师需要规划信息传递的逻辑顺序，如先讲解理论概念，再展示实践案例。在通道传送过程中，应尽量减少干扰，以提升传播的质量和效果。

（4）接收与解释。在这一阶段，学生通过感官接收到信号后，依据自身知识与经验，将信号转化为有意义的信息，并储存于大脑中。这一阶段是教育传播过程中学生吸收和内化信息的关键，信息接收的质量直接影响学习效果。

（5）评价与反馈。评价与反馈指通过测试或观察确定学习目标的达成程度，这是衡量教育传播效果的重要环节。在地理教学中，教师可以通过课堂提问、作业检查或考试来评估学生对知识点的掌握情况。反馈信息不仅能反映学生的学习成果，还能帮助教师了解传播过程中存在的问题，为进一步调整教学策略提供依据。

（6）调整再传送。根据反馈信息与预定目标的比较，发现传播中的不足后，调整信息、媒体和传送方式，进行二次传播。在地理教学中，如果教师发现学生对某个知识点理解得不够透彻，可以通过个别辅导、补充教学资料、改变教学方式等再次传递信息。如果是远程教学，则可通过补发材料或组织在线讨论等进行弥补。这一阶段确保了教学目标的最终实现，体现了教育传播的动态循环特性。

3.教育传播的原理

教育传播的目的是取得良好的教育传播效果。教育传播效果是指在一定的教育传播过程完成后，受教育者在知识、能力和行为等方面所发生的变化，以及与此相关的教学效率、教育规模等。教育传播要取得良好的效果，需要遵循一些原理，具体原理如图3-3所示。

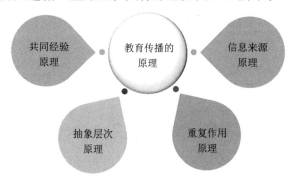

图 3-3　教育传播的原理

（1）共同经验原理。共同经验原理强调教育传播是在教育者与受教育者共享的经验范围内进行的。由于受教育者往往缺乏直接经验，所以需要通过直观的教育媒体来弥补。在地理教学中，学生可能对某些地貌或气候现象缺乏直接感知，教师可以通过视频、图片或模拟工具帮助学生建立间接经验。其中，教育媒体的设计与选择需要充分考虑学生的已有经验，以确保信息能够被理解和接受。

（2）抽象层次原理。抽象层次原理认为，抽象符号能够浓缩信息并简化复杂内容，但抽象层次过高可能导致学生理解困难或产生误解。因此，教师需要根据学生的认知水平选择适当的抽象层次，并在教学过程中灵活调整。在地理教学中，教师可以通过地图（较抽象）与地貌模型（较具体）相结合的方式，使学生在理解区域分布时逐步从具体过渡到抽象。这一原理要求教师掌握好符号抽象的"度"，以提高信息的可理解性。

（3）重复作用原理。重复作用原理指通过在不同情境或以不同方式反复呈现概念，来强化学生的理解和记忆。一方面，在不同情境重复接触某一概念，有助于学生加深对该概念的印象；另一方面，运用文字、声音、图像等多种方式呈现信息，可以激活学生的多种感官通道，促进其对知识的长时记忆。例如，教师在讲解地理术语"温室效应"时，可通过文字定义、动态图像展示以及课堂讨论等方式多次重复，以强化学生的理解与记忆。

（4）信息来源原理。信息来源原理强调传播内容的可信度直接影响传播效果。权威的传播者或资料来源，能够有效增强教育传播的效果。在教育传播中，教师应树立值得信赖的形象，成为学生认可的知识权威。同时，所使用的教材、教学软件等的内容必须真实可靠。在地理教学中，引用权威机构发布的地理数据和地图，可以增强学生对信息的信任度和接受度。

第四节 系统科学理论

系统是由若干相互联系、相互作用的要素组成的有机整体，具备一定的结构和功能。系统科学以系统及其运行机制为研究对象，探索其类型、性质及运动规律。与传统的静态、孤立地研究事物或现象的方式不同，系统科学强调将研究对象置于一个整体系统中，分析其内部各组成部分的作用及相互关系，揭示它们之间的联系与影响规律。通过这一方式，可以更全面、准确地理解事物或现象的发展变化规律，并实现对局部乃至整体系统的有效控制。因此，系统科学作为一门方法论学科，为人们认识和研究事物提供了全新的视角与方法。系统科学理论为地理教学与信息技术的融合提供了重要支持。

一、系统科学的主要内容

系统科学作为一门研究系统及其运行规律的科学，经过数十年的发展，其研究内容越来越丰富，主要包括以下五个方面。

（一）系统概念

系统概念即关于系统的一般思想和理论。这部分研究主要定义了系统的结构、功能和运行方式，为系统科学奠定了基础。

（二）一般系统理论

一般系统理论是用数学形式描述和分析系统结构与行为的纯数学理论。这一部分通过建模和公式化方法，为研究系统的共性规律提供了工具。例如，利用数学模型描述系统的输入、输出和反馈机制，可以为复杂系统的行为预测和控制奠定基础。

（三）系统理论分论

系统理论分论包括多个为解决不同系统问题而发展出的专门学科，如图论、博弈论、控制论、信息论等。这些分支理论分别从不同角度研究系统的结构、动态行为以及信息传递等特定问题，为系统科学提供了多学科支持。

（四）系统方法

系统方法指在分析、设计、规划和运用系统时采用的具体理论和操作步骤，包括系统分析和系统工程两部分。系统分析用于对复杂系统进行分解和优化，系统工程则侧重于从整体视角设计和实施系统方案。

（五）系统应用

系统应用是指将系统科学的思想和方法推广到各个实际领域，如工程、管理、教育、生态学等。在地理教学中，系统科学的方法可以用于优化教学资源配置、设计高效的教学方案以及分析学生学习行为的规律。

二、系统科学的基本原理

系统作为一个多元素的有机结构，具有整体性、相关性、目的性、功能性、自适应性、动态性和有序性等特征。从系统的特征出发，研究系统的规律，便产生了系统科学的基本原理。系统科学的基本原理包括以下几方面，如图 3-4 所示。

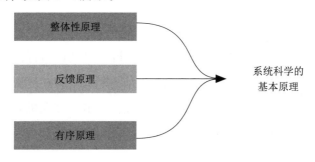

图 3-4　系统科学的基本原理

（一）整体性原理

整体性是系统的本质特征。系统的整体性原理强调系统的整体功能并非各组成要素功能的简单相加，而是各功能与关联因素的综合结果。在合理的系统结构和良好的协调作用下，系统的整体功能远大于部分功能之和。因此，研究系统必须从整体视角出发，关注要素之间的相互制约与协同效应。

（二）反馈原理

反馈是系统保持动态平衡和自适应特性的关键。没有反馈，系统将失去控制能力，并可能走向失衡甚至崩溃。反馈分为两种：内部信息反馈和外部信息反馈。内部信息反馈是系统要素之间的作用反馈，有助于调整系统的内部状态。外部信息反馈是系统对外部环境变化的反应，有助于系统适应外界变化。有效的反馈机制能够帮助系统实现目标和优化运行。

（三）有序原理

系统在演变过程中，呈现从简单无序向高级有序发展的趋势。有序状态使系统趋于稳定，具备更高的效率和更强大的功能。要使系统达到有序，需要满足以下两个条件。①开放性。系统需要与外界进行信息、能量和物质的交换，一个完全封闭的系统难以实现有序发展。②偏离原始平衡状态的能力。系统需要具备偏离原始平衡状态的能力，在外界的作用下，通过能量或信息的调整，逐步趋向新的稳定状态。

三、系统科学与教育技术的关系

20世纪50年代，传播理论的发展使人们意识到教学过程中存在多种复杂因素及其相互制约关系，但未对其进行系统研究。随着程序教学实践的深入，人们逐渐认识到教学效果的决定性变量非常复杂，需要借助系统方法进行全面分析。系统科学的思想被引入教育技术领域，改变了以往研究教学媒体的单一模式，将教师、学生、教学内容等要素视为一个有机整体，从整体上研究其相互作用这一理念推动了学科教学与信息技术的融合。

首先，系统的整体性原理强调各要素之间的协调作用和整体优势。在教学设计中，信息技术的引入改变了以往灌输式教学的单一思维，将教师、学生、媒体和教学内容作为一个整体加以设计和优化。例如，在教学设计中，通过分析学生的需求、选择合适的教学媒体、设计互动环节，实现各要素的协调互动，从而提升教学效果。这种整体性视角优化了教学活动的组织方式，使教育系统更具效率和功能性。

其次，系统的反馈原理促使教育技术特别重视教育系统的评价和反馈机制。教育系统中的反馈信息（如学生学习效果的测评结果）能帮助教师及时调整教学策略、优化教学过程。对评价方法的研究成为教育技术领域的重要内容，通过设计有效的评价体系和信息分析工具，能够保障教育系统的稳定性和适应性，提高教学质量。

再次，系统的有序原理揭示了教育系统的发展规律，为教育技术提供了理论指导。教育系统是一个开放的动态系统，需要通过与外界进行信息、资源和能量的交换，来保持发展活力。同时，教育系统需要具备适应性，通过不断调整机制实现动态稳定。在地理教学设计中，教师需要避免固化模式，灵活调整教学策略以应对外界的变化，使系统在动态演变中保持正确方向，实现可持续发展。

最后，系统科学的分论为学科教学与信息技术融合提供了丰富的理论基础。例如，控制论关注教学目标的实现路径与过程控制，信息论研究教育过程中的信息传递与处理。这些分论帮助教育技术学科拓展了研究范围，深化了对教育系统运行规律的理解。

第四章　地理教学与多媒体技术的融合

第一节　多媒体技术与多媒体地理教学概述

一、多媒体技术的概念与特点

（一）多媒体技术的概念

多媒体技术，也称计算机多媒体技术，是指综合处理文字、图像、音频、视频、动画等多种信息形式，并通过计算机技术实现交互式控制和动态演示的一种技术手段。它以数字化的方式整合和呈现多种媒体信息，为用户提供直观、丰富且交互性强的体验。目前，多媒体技术被广泛应用于教育、娱乐、商业等领域，尤其在教学中发挥了重要作用，通过增强信息的直观性和趣味性，提升了教学效果。

（二）多媒体技术的特点

多媒体技术有以下几个主要特点，如图4-1所示。

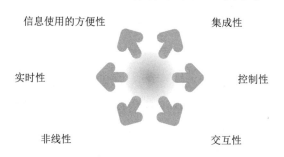

信息使用的方便性　　　集成性

实时性　　　控制性

非线性　　　交互性

图4-1　多媒体技术的特点

1. 集成性

多媒体技术能够对文字、声音、图像、视频等多种信息形式进行统一获取、存储、组织与合成。其集成性体现在两方面：一方面是信息内容的集成，即多种信息形式的有机融合；另一方面是设备功能的集成，如多媒体系统可集成计算机、电视、音响、录像机等多种设备。多媒体技术的集成性为用户提供了更加丰富的体验，特别是在教育领域，通过展示整合性强的教学内容，可以显著提升教学效果。

2. 控制性

多媒体技术以计算机为核心，通过程序控制综合处理多种媒体信息，并根据用户需求以合适的形式进行呈现。这种控制性使多媒体技术能够作用于人的多种感官，实现内容的动态调整。例如，教师可以通过控制多媒体课件展示不同的地理信息，增强教学的灵活性和针对性。控制性赋予多媒体技术强大的适应能力，使其能够满足不同场景的需求。

3. 交互性

交互性是多媒体技术区别于传统媒体的核心特征。传统媒体（如电视、激光唱片机）只能单向传播信息，用户无法干预内容。而多媒体技术允许用户自主选择和加工信息。例如，在多媒体教学中，学生可以通过点击课件中的超链接自由探索知识点，从被动接收转变为主动参与。这种双向互动的特点极大地提高了学生的学习效率和兴趣。

4. 非线性

多媒体技术的非线性特点改变了人们传统的循序的读写模式。借助超文本链接技术，用户可以灵活选择信息路径，不必按照固定的章节或页面顺序进行学习。例如，通过点击地理课件，学生可以直接跳转到感兴趣的区域或主题。这种灵活的信息组织方式提供了更大的自由度，有助于学生根据自身需求构建知识体系。

5. 实时性

多媒体技术支持声音、视频等多种信息的实时处理和展现。当用户发出指令时，系统能够迅速响应并进行实时反馈。例如，播放视频、调整音量或切换页面都可以瞬时完成。实时性使多媒体技术在教育、娱乐和交互场景中具有显著优势，特别是在需要快速信息响应的应用中表现突出。

6. 信息使用的方便性

多媒体技术使用户能够根据个人需求选择适合的信息形式（如文字、图片、音频等），赋予了用户更多自主权。在地理教学中，学生可以根据自身兴趣选择学习资源来满足个性化需求。信息使用的方便性大大降低了学习门槛，为知识传播和技能培养提供了强有力的支持。

二、多媒体地理教学

（一）多媒体地理教学的概念

多媒体地理教学是教师将地理教学信息通过多媒体技术与学生构成地理教学交互系统的一种教学方式。在教学中，教学信息以文本、图形、图像、视频、音频等形式按一定的结构方式在计算机中呈现，学生可以通过计算机给出的提示识记教学信息，与计算机进行信息交流。多媒体技术改变了以往信息加工、获取和传递速度慢、容量小、方式单一的弊端，以立体、交叉、高速、便捷和美观自然等优点受到各个领域的欢迎。

（二）多媒体地理教学的优势

将多媒体技术融入地理教学，推动了教学手段、教学方法、教材形式、课堂结构、教育理念和教学理论的现代化发展，这是教育领域发展的一种必然趋势。多媒体系统在知识呈现与处理方式上，契合现代认知理论模式，因此能够有效促进学习成果的提升。在地理教学中，多媒体技术的应用展现出显著的优势，具体体现在以下几方面。

第一，多媒体地理教学能够将复杂的教学信息进行分解，使学生的认知过程变得简单。地理学科的自然地理部分常涉及抽象的地理规律，这些内容与学生的生活实际相距甚远，导致他们在理解时感到吃力，容易出现片面理解甚至遗忘的情况。然而，通过多媒体技术，这些复杂的内容可以通过视频、图像和动画的形式直观地呈现出来，使得抽象的地理知识变得形象具体、生动有趣。例如，通过动态演示板块运动或水循环过程，学生能够更直观地理解其内部逻辑关系。多媒体课件的直观性和互动性不仅能激发学生的学习兴趣，还能显著提高学生的学习效率，从而提升整体的地理教学效果。

第二，多媒体系统庞大的信息容量，特别适合处理地理教学中复杂多样的知识内容。与数学、化学、外语等学科相比，地理学科具有明显的跨时空特性，涉及自然地理与人文地理的广泛知识领域。这种知识的多样性和庞杂性要求教学工具具备整合海量信息的能力，而普通的计算机辅助教学软件难以满足这一需求。多媒体系统能够高效地容纳并呈现地理教学所需的各种资源，并通过图表、视频等形式，全面展示地理学科的丰富内容，使信息的传递更加清晰高效，显著提高教学效果。

第三，多媒体地理教学通过压缩教学空间，为教学改革提供了全新的思路。传统地理教学通常需要安排野外考察和实地观测，不仅耗时，还容易受到环境条件和其他不确定因素的影响。多媒体技术通过动画、视频和音频技术，将需要观测或分析的内容设计成仿真模拟软件或实物录像，赋予教学更高的可观测性和可控性。通过多媒体仿真，学生可以动态调整环境变量，如地质条件、气候因素等，并直观地观察这些变化对地理现象的影响，获得类似于野外观察的学习效果。此外，多媒体地理教学显著降低了教学成本，提高了教学效率，为师生节约了时间和资源。

第四，多媒体地理教学通过非线性的信息呈现方式，为学生提供了灵活高效的学习途径。非线性的呈现方式不再局限于单向线性的信息流动，而是以分支和网状结构组织教学内容，便于地理知识中相关交叉内容的展示和关联性学习。学生可以通过热键、按钮等交互手段，自主选择学习路径，将知识点与实际情况结合，个性化地完成学习过程。非线性的呈现方式尤其适合跨度大、涉及领域广的地理学科。例如，在区域地理教学中，学生可以自由切换至相关的人文背景视频、数据图表或统计资料模块，从不同角度理解地理现象。这种学习模式不仅增强了学习的灵活性和互动性，还提高了学生对知识的获取和吸收效率，使学习过程更具针对性和自主性，进一步优化了地理教学效果。

第五，多媒体地理教学实现了学习方式的多元化。多媒体地理教学允许学生调整学习步调和学习进度，选择不同难度系数的学习路径，同时，优秀的教学软件常常是开放型的，能够适应区域地理等知识更新快的特点。例如，学生通过与经济地理、交通运输地理、气象等相关的数据软件，以练习或作业的形式完成对数据的输入、更新和编辑。

（三）多媒体技术在地理教学中的应用

地理学科中存在许多抽象、复杂的内容，难以用语言清晰表达，这些内容往往超出了学生的生活经验范围，成为学生学习中的障碍和教学中的难点。例如，太阳直射点的周年变化规律、板块构造理论等内容，如果仅依靠传统教学手段，学生理解起来很有难度。然而，利用多媒体技术制作三维模拟动画，通过虚实结合、远近视角切换以及动态快慢调整，能够引导学生从多角度、多层次进行观察，大幅降低教学难度，缩短教学时间，显著提高课堂效率。总的来说，多媒体技术在地理教学中的应用主要体现在以下几方面。

1. 运用多媒体技术模拟人眼不可感知的地理事物

人眼无法直接感知的地理事物通常难以通过录像真实记录，但可以依靠多媒体技术的动画功能来实现。例如，传统的静态图像只能展示火山排列的表面现象，无法动态表现地壳缓慢移动和岩浆活动的过程。而多媒体技术能够以动态的方式呈现火山喷发的完整过程，使学生清晰、直观地理解地壳运动与火山喷发之间的因果关系。此外，多媒体技术还可以应用于洋流、大气运动等内容的教学中，通过动态演示这些地理现象的形成机制及变化规律，学生不仅能直观地观察到地理现象，还能加深对复杂地理事物的理解，提高学习效率和教学效果。

2.运用多媒体技术模拟时间跨度大的地理过程

有些地理现象的形成比较缓慢，因此经历了漫长的过程，受时间和空间限制，学生无法连续、直接地观察这个过程。而多媒体技术能够突破传统教学手段的局限，高效实现教学目标。计算机具备精确的运算分析能力和强大的制图功能，可以科学地动态模拟复杂的地理过程，并叠加必要的分析，从而使学生直观地观察和理解这些现象。例如，火山形成的全过程通常跨越数万年，但多媒体技术可以在短时间内动态呈现火山形成的地质演变过程。此外，类似的地理现象，如河口三角洲的生成、大洋洲岛屿的形成等，也可以通过多媒体技术进行动态展示。这样学生不仅可以清晰地观察到这些地理现象的变化，还可以通过交互功能对动态过程进行控制，从而更科学地理解其发展规律。多媒体技术的应用为复杂地理过程的教学提供了科学、直观的解决方案，有效提高了教学质量和学习效果。

3.运用多媒体技术模拟空间范围广的地理现象

面对地理学科中占据广阔空间范围的地理现象，传统教学通常结合平面图、文字说明和教师的口头讲解来实现教学目标，但平面图多为静态结果图，仅能表现地理现象某一时刻的状态，难以反映整个动态过程。同时，过多的平面图可能增加复杂性，导致教学任务繁重、讲解费时且效果不显著。例如，在讲解地球公转与昼夜长短变化时，传统方法需要多张分布图和地球仪的配合，而借助多媒体技术进行三维动画的动态模拟，教师可以直观地演示地球公转过程中的昼夜长短变化及其动态分布规律，同时展示四季更替、地轴倾斜不变性以及太阳直射点的南北移动等内容。多媒体技术将复杂的地理现象直观化、动态化，不仅能简化教学过程，还能激发学生的兴趣，使学生对广阔空间中的地理现象有更深入的理解，从而显著提升教学效果。

4.运用多媒体技术模拟微观地理现象

多媒体技术不仅能够动态模拟宏观的地理事物，对微观地理现象的模拟同样高效且更易实现。微观地理现象由于尺度小、过程复杂，往往难以直观呈现，多媒体技术为解决这一问题提供了全新路径。例如，在模拟晶体形成的过程时，可以通过动画展示从岩体受压、分子结构破解、分子移动到最终形成晶体的完整动态过程，使学生直观观察到原本难以感知的微观变化。通过多媒体技术，教师将抽象的微观过程形象化，动态展示物质在微观尺度下的行为和变化规律。这种直观的模拟不仅能降低学生理解的难度，还能有效激发学生的学习兴趣，为微观地理现象的教学提供更加科学、高效的解决方案。

5.运用多媒体技术模拟地理理论与学说

地理学科因其综合性和空间性，常涉及复杂的理论和学说，这些内容在传统教学中仅依靠口头解说和板书难以充分表达，教学效果往往受限。多媒体技术可以通过动态模拟和直观展示，使地理理论的教学变得更加高效。例如，在讲授板块构造学说时，单纯的静态地理模型难以展现板块运动的过程，而多媒体技术能够通过动画模拟板块漂移、碰撞、张裂的动态变化，将理论与现实相结合，使学生形成清晰的认识。多媒体技术不仅能弥补传统教学手段的不足，还能以生动具体的方式呈现复杂的空间理论，帮助学生更好地理解和掌握地理学说的核心内容。这种直观的演示方法减轻了教师的讲解负担，激发了学生的学习兴趣，最终提高了理论教学的效率和效果。

6.运用多媒体技术模拟地理区域性与综合性变化

区域性与综合性是地理学的重要特点，任何区域都涉及地形、气候、水系、物产、工农业、交通运输等要素，这些要素彼此关联，共同构成区域地理的综合体系。传统教学方式难以全面呈现这些要素之间的动态关系，而多媒体技术为解决这一问题提供了强有力的工具。多媒体技术可以构建真实的地理环境情境，模拟区域地理的综合特征。例如，动态展示地形与水系对农业分布的影响、工业布局与交通网络的关系，以及环境治理与城市化过程中的相互作用。多媒体情景模拟还能够生动地呈现人类对环境的改造与保护、生产力布局的科学原理以及环境污染治理方案等复杂问题。通过动态展示区域内各要素之间的相互关系，多媒体技术能帮助学生更直观地了解区域地理的综合特点，从而有效提升教学效果，推动地理教学的创新与深化。

第二节　地理教学与多媒体技术融合的有效方法

一、构建实现教学目标的总体方案

地理教学与多媒体技术的融合，需要教师围绕教学目标构建科学合理的总体方案，以确保多媒体工具的高效运用和教学效果的提升。具体来说，一节成功的多媒体地理教学课，应做好三点：一是明确教学重点和难点；二是构建运用多媒体突破教学重点和难点的方法；三是结合先进的教学思想与理论，打造精品教学设计。

（一）明确教学重点和难点

在地理教学中，明确教学重点和难点是多媒体技术得以有效应用的基础。

教学重点是课堂教学的核心内容，也是课堂需要解决的主要矛盾，还是教学设计的关键所在。其内涵可从三个维度展开分析。首先，从学科知识体系看，教学重点是那些对前后知识点起到承上启下作用的关键内容。例如，地理中的气候类型与分布是学生理解农业布局、生态环境等后续知识的基础。其次，从文化教育功能看，教学重点包括具有深远教育意义的学科思想和方法，如区域地理分析能力和可持续发展理念，这些内容能使学生在未来学习和生活中受益匪浅。最后，从学生的学习需要看，教学重点往往是那些对学生学习成效至关重要但学生尚未掌握的核心知识点。多媒体技术在呈现教学重点时，需要聚焦知识的关键点，通过动态模拟或可视化手段让学生加深理解和强化记忆。

教学难点是指知识结构复杂、抽象，学生在理解和运用中容易产生误解。在地理教学中，大气环流的原理、板块构造运动的机制属于典型的教学难点，因为它们涉及复杂的空间动态关系和抽象概念。此外，教学难点还可能体现在学生对知识的错误理解上，如将冷锋与暖锋的作用混淆。教师需要结合学生的认知特点设计分步引导方案，帮助学生逐步突破学习难点，实现对知识的深度理解和灵活运用。

（二）构建运用多媒体技术突破重点和难点的方法

有效利用多媒体技术，应着重研究如何针对地理教学的重点、难点内容设计合适的教学活动和呈现形式。

1.动态化展示，深化知识理解

对地理教学的重点、难点进行动态化展示，可以增强学生的感官体验，加深学生对重点、难点知识的理解。

（1）重点突破。利用动态地图和视频演示地理现象，如通过动画模拟太阳直射点的移动和季节变化，帮助学生理解气候类型的形成与分布规律。

（2）难点突破。通过模拟复杂的地质过程，如板块碰撞引发的地震和火山喷发，展示其动态演变过程，帮助学生直观感受复杂知识的内在逻辑。

2.互动式设计，提升学习参与度

多媒体技术可用于互动环节设计，让学生在操作中主动学习和探索。例如，通过互动式地图，让学生自行标注河流流向、重要城市分布等信息，强化学生的空间概念。又如，设计虚拟实验室，模拟不同条件下的地理现象，如气候变化对生态系统的影响，帮助学生加深对复杂概念的理解。互动式设计不仅能提升学生的学习兴趣，还能激发学生主动思考，帮助学生在实践中掌握教学重点和难点。

3.多模态整合，增强学习效果

多媒体技术的整合性允许教师同时利用多种信息形式（图像、视频、文字、音频等）增强教学效果。一是结合文字说明和动态图表展示知识点，如通过配音讲解的动态气候图，帮助学生掌握不同区域的气候特征及影响。二是多模态呈现复杂概念，如结合三维模型、图解和视频展示大气环流的形成机制，使学生在多维信息的刺激下构建清晰的知识框架。多模态整合能够有效满足不同学习风格学生的需求，帮助他们更全面地理解和内化地理教学重点与难点。

（三）结合先进的教学思想与理论，打造精品教学设计

在多媒体地理教学中，必须以先进的教学思想与理论为指导，确保多媒体技术服务于教学目标和学生发展。

1.基于教学目标，明确需要使用多媒体技术的教学内容

分析教学目标，确定哪些知识点的讲解需要多媒体技术的辅助，并明确使用多媒体技术预期达到的效果是辅助理解、提升兴趣，还是强化记忆，从而有针对性地选择合适的技术和资源。

2.合理规划多媒体使用的时机

针对不同教学环节，灵活设计多媒体的使用时机，确保其运用得恰到好处。

（1）知识引入阶段。利用短视频或图片快速引导学生进入情境，如通过展示自然景观的图片吸引学生的注意力。

（2）重点讲解阶段。通过动态地图或动画演示复杂的地理过程，如气候变化的动态模拟。

（3）复习巩固阶段。使用交互式测试或总结视频帮助学生回顾知识点，检查学习效果。

3.以建构主义思想为指导，设计主动学习任务

利用多媒体技术创设问题情境，如通过虚拟现实技术模拟自然灾害场景，让学生自主探索应对措施。引导学生在多媒体技术的支持下，通过交互式地图或虚拟实验室完成学习任务，并从实践中建构知识。

二、科学选用多媒体

多媒体技术辅助地理教学时，多媒体的选用应以其效度为核心，追求实效和高效。在教学实践中，单一媒体形式往往难以满足完整教学过程的需求，因此，不同类型的教学媒体需要根据教学内容的需求协同作用。然而，有些教师在实施多媒体教学时倾向展示复杂、先进的媒体形式，希望通过炫目的效果吸引学生的注意力。这种方式往往导致课堂效果不尽如人意，因为这种多媒体选用方式违背了心理学中的兴奋抑制原

理。视觉上的强刺激确实能够促进学生大脑兴奋，但同时会引发负面效应：其他脑区因相对抑制而降低活跃度，学生的注意力可能因强刺激而偏离教学重点。当视觉刺激降低后，刺激强度不足以重新引起学生的注意，大脑活跃度会难以维持，导致学生情绪松懈，教学效果下滑，甚至可能还不如传统课堂教学。所以在选择媒体方面，应持科学的态度，灵活把握先低后高、先单一后组合、先常规后超常的递进层次，只有这样才可能使学生的大脑皮层在整个教学过程中不断接受渐强的信号刺激，从而使学生保持充沛的精力和注意力，轻松愉快地完成学习任务。

第一，先低后高。以刺激强度较弱的媒介（如图片、文字）作为引导，帮助学生进入学习状态。随后使用刺激强度较强的媒体（如动态视频、交互地图）强化重点内容的学习，逐步加深刺激，保持学生的专注力。

第二，先单一后组合。单一媒体（如图片或文字）适合讲解基础概念，组合媒体（如图片结合动画和音频）适合复杂现象的展示，如演示地壳板块运动或气候变化过程。

第三，先常规后超常。常规媒体适合讲解学生熟悉的内容，超常媒体适合激发学生的创新思维和解决深层次的问题，但需要避免高刺激强度导致学生注意力分散。

三、合理安排课堂教学模式

合理安排课堂教学模式是提升多媒体技术辅助教学效果的关键。根据不同教学内容的特点和学生的学习需求，选择适合的教学模式，既能突出教学重点，又能有效突破教学难点。同时，灵活组合多种教学模式，可以最大化地发挥多媒体技术的教学效能，从而实现教学的最优效果。

（一）线性课堂教学模式

线性课堂教学模式是一种适用于知识结构紧凑、内容丰富且理解难度较低的教学内容的多媒体教学模式。这种模式以教师为主导，借助多媒体工具快速、系统地传授知识，学生以接受知识为主。其典型应用场景包括绪论课和复习课。在绪论课中，教师可以利用多媒体将地理学科的整体框架直观地呈现给学生，如通过动画、地图和简明的文字展示地理的研究对象、方法及应用领域，帮助学生对课程内容形成初步的整体认知。在复习课中，教师可以通过多媒体总结和回顾已学知识，如利用动态图表和知识导图串联关键知识点，强化学生对地理知识体系的整体把握。这种模式的优势在于效率高、条理清晰，局限性是互动性较差，学生的参与度和主动性较低。因此，在运用该模式时，需要教师设计适当的提问或活动，激发学生思考，使课堂更加生动有趣。

（二）交互式课堂教学模式

交互式课堂教学模式以信息交流为核心，强调通过多媒体实现师生间的双向互动。这种模式在新授课和综合课中的运用效果尤为突出。教师首先通过多媒体传递地理信息，如利用动态地图、视频或动画展示地理现象，学生通过答题器、互动白板或在线反馈工具提供即时的反馈。教师根据这些反馈分析和判断学生的掌握情况，然后据此调整教学节奏或补充相关知识点。例如，当学生对某一知识点（如大气环流原理）表现出普遍不理解时，教师可以及时通过多媒体详细解析其原理，利用视频或动画直观呈现大气环流现象。交互式课堂教学模式的核心优势在于教师能实时调整教学内容与策略，有效弥补传统课堂中教师对学生理解情况把握不充分的不足；能增强教学的针对性，以及学生学习的参与感，从而提升学习效率。然而，这种模式对教师的技术熟练度和课堂管理能力要求较高，需要教师提前做好互动设计，并熟练掌握多媒体工具的使用方法。

（三）个别自学模式

个别自学模式是一种基于学生自主学习能力的教学模式，主要通过人机交互实现个性化学习。在这种模式中，学生根据教师设计的多媒体教学课件进行自定进度的学习，如利用交互式课件学习地形、地貌的基本类型及成因。课件通常包含导航提示、知识点讲解、案例分析以及具有针对性的练习，学生可以根据自身需求选择学习路径。对于难点内容（如板块构造与地震的关系），学生可反复观看动画演示，直到理解为止。个别自学模式的优势在于充分尊重学生的个体差异，适合基础薄弱或进度较慢的学生，同时为学有余力的学生提供了拓展学习的机会。然而，这种模式对学生的自律性要求较高，教师需要提供一定的指导和监督，以确保学习效果。

四、多媒体技术与传统教学方法相结合

地理学科兼具自然科学与人文科学的特点，其教学目标不仅在于传授知识，还在于培养学生的思维能力与地理素养。传统教学方法强调教师的启发和引导作用，通常体现在教师通过深入浅出的剖析和逻辑清晰的讲解，引发学生对地理现象和地理规律的深层思考。例如，在分析某地区的经济发展与地理位置的关系时，教师的提问与板书设计至关重要。而多媒体技术具有声音、图像、动画等多模态表达优势，可以生动、直观地呈现复杂、抽象的知识，如通过动画模拟大气环流的形成过程。两者结合，既能保留传统教学的深度与逻辑性，又能利用多媒体技术的直观性和交互性，确保教学过程更加丰富、高效。

多媒体技术与传统教学方法相结合可以从以下几方面入手。

第一，创设情境，激发兴趣。教师可以借助多媒体技术直观展示自然现象（如火山喷发、河流侵蚀），引导学生思考背后的地理规律，并结合启发式提问，促使学生深入探讨问题。

第二，突出重点，分层设计。在讲解抽象知识如板块构造理论时，教师可以利用多媒体技术动态模拟地壳运动，帮助学生直观地理解知识。随后，通过板书总结关键知识点，层层递进，加深学生的理解与记忆。

第三，加强互动，实时调整。结合多媒体的交互性，通过实时测试、问答或互动白板收集学生的反馈，并据此及时调整教学策略，通过语言讲解与板书帮助学生厘清思路，完善知识框架。

第四，设计多元活动，巩固知识。课堂上，教师可以结合传统的分组讨论及案例分析，帮助学生从多角度巩固知识点。课后，学生可以利用线上资源进行自主复习，巩固知识。

五、进行教学创新

（一）创新教学设计

利用多媒体技术创设更具探索性的情境和问题，激发学生对地理现象的兴趣。例如，在讲解地球公转的地理意义时，教师可以通过多媒体技术模拟地球公转条件的变化，如地轴方向或黄赤交角的变化，引导学生思考不同条件下的结果，如四季变化的规律或昼夜长短的改变。这种模拟不仅能让学生感受到地球运动规律，还能促使他们通过联想与分析训练逻辑思维能力。通过精心设计问题链和情境，教师可以引导学生发现问题、提出假设并尝试解决问题，从而实现教学目标。创新教学设计应注重激发学生的研究兴趣，鼓励他们探索自然和社会规律，培养其在新条件下创造性解决问题的能力。

（二）创新教学思维

科学利用图、文、声、像，有效开发学生智力，激活学生创造性思维，是现代教育技术研究的一个重要课题。例如，模拟岩石碰撞和挤压的声音，可以引发学生对岩层不同运动特点的联想。利用各种图表，有效发挥大脑的各种功能，使思维更全面、更流畅，是培养学生创造性思维的有效方法。

（三）创新课堂调控

创新课堂调控是实现教学目标的保障。多媒体技术可以帮助教师动态掌握课堂节奏，促进学生创新思维的发展。例如，在学习西北地区的五大自然景观时，教师可以先通过多媒体展示风蚀地貌图片或相关影视片段，让学生联想生活中的自然现象。随后，组织学生讨论，引导他们从地理现象中提炼自然景观的特点。这种引导式的联想、对比与分析，能够有效调动学生的主动性，使学习过程成为一项探索性活动。通过科学安排信息输出与反馈节奏，教师可以维持课堂的平衡与互动，确保每个学生都能参与其中。创新课堂调控不仅能增强学生的学习兴趣，还能为他们提供充分的思考和表达空间，从而使学习真正成为主动探索与创造的过程。

第三节　多媒体地理课件的设计与制作

多媒体地理课件是保障多媒体地理教学顺利进行的必备工具，要达到较好的教学效果，在设计与制作多媒体地理课件时，应围绕学科特点巧妙设计教学流程，并遵循一定的原则，注意结构的合理性，针对不同的教学内容、教学方法和学生的实际情况设计与制作不同类型的多媒体地理课件。

一、多媒体地理课件概述

（一）多媒体地理课件的概念

多媒体地理课件是指利用多媒体技术，以文字、图片、音频、视频、动画等多种形式展示地理教学内容的教学工具。它以计算机技术为核心，将地理知识的呈现、互动和评估功能结合在一起，旨在通过直观、动态和交互的方式优化地理教学效果。多媒体地理课件不仅能提高课堂教学效率，还能激发学生学习地理的兴趣，促进他们对地理知识的理解和应用。

（二）多媒体地理课件的特点

多媒体地理课件具有以下几个特点，具体如图 4-2 所示。

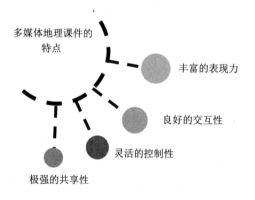

图 4-2 多媒体地理课件的特点

1. 丰富的表现力

多媒体地理课件可以将多姿多彩的视听世界生动逼真地表现出来，既可以对抽象的事物进行形象直观的表达，也可以对微观事物（尤其是肉眼不能察觉到的事物）进行模拟和演示，还可以将复杂的过程简单化，这些都是多媒体地理课件丰富表现力的体现。在具体的地理教学中，教师可以结合教学内容的表现需求，通过文本、图像、声音、动画等呈现教学内容，化静态为动态，化抽象为具体，从而激发学生的学习兴趣，帮助学生更好地理解知识，进而促进教学效率的提高。

2. 良好的交互性

多媒体地理课件的交互性体现在它可以提供人机交互的学习环境。在这个环境中，教师起引导作用，学生则在教师的引导下，利用多媒体地理课件进行学习。这里的学习不是被动的服从，而是可以结合自身的学习兴趣和学习步调选择适合自己的学习内容。这样既有助于发挥学生的主观能动性，也有助于满足学生个性化学习和自主学习的需求。

3. 灵活的控制性

多媒体地理课件对教学信息的呈现非常灵活，包括教学内容的呈现、教学信息呈现的顺序等，学生都可以结合自身的认知特点灵活地调整，以更高效地实现教学目标。

4. 极强的共享性

在信息化时代，借助互联网可以实现信息的共享，多媒体地理课件同样可以通过网络实现资源的共享，且不受时间和空间的限制。多媒体地理课件极强的共享性对推动教学公平具有非常重要的意义。

（三）多媒体地理课件的类型

按照不同的划分标准，多媒体地理课件有不同的分类。

1. 按照教学呈现方式分类

按照教学呈现方式的不同，多媒体地理课件可分为以下三种类型。

（1）演示型课件。演示型课件将板书、图表、动画等教学元素整合在一个软件中，通过教师的操作在大屏幕上进行演示，学生可以通过电子终端同步观看。演示型课件强调教师的主导作用，依靠教师的讲解和师生互动完成教学任务。

演示型课件的优势包括以下几点。①演示型课件通过集中展示教学内容，简化了教学环节，避免了传统教学中频繁切换挂图、修改板书的操作，从而节省了课堂时间。②演示型课件能够通过动画、图表等形式直观展现地理知识，帮助学生理解复杂概念。③演示型课件通过整合声音、图像、动画等多种元素，可以调动学生多感官共同参与学习，增强学习体验。④演示型课件能够集中展示内容，便于大规模学生同步学习，满足学生共性发展的需要。⑤演示型课件制作简单，对教师的电脑操作能力要求不高。

演示型课件也存在以下局限性。①演示型课件以教师讲解为主，学生参与度较低，缺乏个性化学习的空间，难以满足不同学习水平学生的需求。②演示型课件固定的展示形式限制了学生与课件内容的实时交互，学生的学习相对被动。③演示型课件的实际效果在很大程度上依赖于教师的讲解水平与课堂组织能力，课件本身无法完全替代传统教学的深度互动。

（2）网络型课件。网络型课件指用于网络教学的多媒体课件。这类课件应用多媒体和网络技术，通过收集、传输、处理和共享多种媒体教学信息来实现教育教学目标。

网络型课件具有以下三个特点。①资源共享。网络型课件可以整合海量的教学资源，供教师和学生随时访问。②交互性强。学生通过网络型课件可以与教学内容实时交互，如通过虚拟地图测量距离、分析区域地貌特点等。③多任务处理。网络型课件可同时支持多种教学活动，如资源浏览、在线讨论、实时测试等，为学生提供全方位的学习支持。

网络型课件的优势包括以下几方面。第一，教学资源丰富。网络型课件融合了多种多媒体元素，结合友好的人机界面，使地理知识的呈现更加直观、生动，能极大地调动学生的学习兴趣，提升课堂效率和教学质量。第二，支持个别化教育。在教师的指导下，学生可以利用课件自主查找资料、分析归纳并得出结论，从而提高学习效率。第三，促进教学模式改革。网络型课件强调"教师主导、学生主体"，通过互动学习鼓励学生主动探索，推动教学方法和模式的创新。第四，提升教师的信息素养。要制作与使用网络型课件，教师需要掌握基本的计算机操作技能，这不仅有助于提升教师的教学技术素质，还有助于提升其信息素养。第五，推动教育环境建设。网络型课件的广泛应用能够促进教学资源数字化与共享化的进程，引发教学观念和理论的深刻变革，从而促进地理教育的现代化发展。

尽管网络型课件具有诸多优势，但也有一定的局限性。一是技术要求高。网络型课件的开发有时涉及复杂的编程，因此对教师的计算机水平提出了较高的要求。二是硬件条件限制。网络型课件的运行需要良好的网络环境和足够的终端设备，一些学校的软硬件条件可能无法满足这些需求，限制了网络型课件的普及。三是制作成本高。由于网络型课件开发复杂，投入的时间、人力和技术成本较高，会对资源有限的学校造成压力。

（3）演示与网络结合型课件。演示与网络结合型课件是一种兼具演示型和网络型课件特点的教学工具，既能支持教师主导的课堂演示教学，又能满足学生自主学习的需求，具有以下优势。

第一，课堂上集中的演示教学便于知识的系统传授，课后分散的网络学习为学生提供了个性化学习的机会。

第二，学生可以利用课件自主查找资料和解决问题，培养自主学习能力和信息检索能力。

第三，教师通过课件高效展示教学重点和难点，学生则可以通过在线学习弥补课堂时间有限的不足，有利于提升整体的教学效果。

第四，课件资源的网络化分享，有利于扩大教学资源的使用范围，实现更高效的资源共享。

2.按照教学素材分类

按照教学素材的不同，多媒体地理课件可分为以下两类。

（1）图片图形类课件。图片图形类课件主要通过静态图片、地图和图表等视觉材料呈现地理信息，适用于区域分布、地形特征、气候类型等知识的直观展示。这类课件将抽象的地理概念转化为具体的可视化内容，帮助学生快速掌握知识要点。这类课件形式简单，能够有效增强学生的空间思维能力。

（2）视频动画类课件。视频动画类课件通过动态演示的方式呈现复杂的地理现象和变化过程，适用于水循环、板块运动、河流侵蚀等内容的教学。这类课件能够展示静态图形无法表现的动态过程，从而使学生直观理解地理现象的因果关系。这类课件的交互性和趣味性更容易吸引学生的注意力，提高学习效率，同时帮助学生更好地理解难以观察的动态地理规律。

3.按照教学功能分类

按照教学功能的不同，多媒体地理课件可分为以下几类。

（1）资料补充类课件。资料补充类课件通过提供丰富的文字、图像、数据表格等，加深学生对地理知识的理解。这类课件适用于课堂知识的深化和课后学习的延伸，如补充区域地理的人文历史背景或自然资源的利用方式。通过多样化的资料呈现，学生能够从多个角度全面理解地理知识，满足不同学习需求，提高自主学习能力。

（2）问题探究类课件。问题探究类课件以问题为核心，引导学生自主思考和探索解决方案。这类课件常通过虚拟实验室、场景模拟及案例分析设计问题情境，帮助学生运用地理知识解决实际问题，培养学生的分析能力和问题解决能力，这是地理教学中实现探究式学习的重要工具。

（3）知识总结类课件。知识总结类课件通过结构化的呈现方式梳理课程内容，帮助学生复习和巩固所学知识。这类课件通常以思维导图、总结表格及动画概述的形式，直观展示知识点之间的逻辑关系，帮助学生形成清晰的知识框架。

（4）知识检测类课件。知识检测类课件通过设计练习题和测试题，来评估学生对地理知识的掌握程度。常见形式包括选择题、填空题、连线题以及互动式情境题。这类课件不仅能提供即时反馈，还能根据学生的答题情况推荐有针对性的学习资源，帮助他们查漏补缺。通过多媒体互动增强测试的趣味性和针对性，有助于学生巩固知识并提高学习成效。

（5）教学游戏类课件。教学游戏类课件通过游戏化的方式呈现教学内容，可以为学生创建一个充满趣味和竞争性的学习环境。学生在遵守游戏规则的前提下，通过参与有目的的活动来达成特定的学习目标。这类课件将知识性、教育性和趣味性完美融合，使学生在愉快的游戏情境中自然地掌握知识和技能。它能激发学生的学习兴趣，增强他们的学习动机，提升他们的学习参与度，从而提高学习效果和增强满足感。

（四）多媒体地理课件的结构

目前，多媒体地理课件结构主要有线性结构、分支交互型结构、模块型结构和积件型结构四种，如图4-3所示。

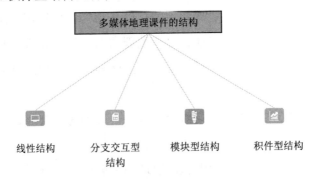

图4-3 多媒体地理课件的结构

1. 线性结构

线性结构是指按直线方式运行的结构，这种结构没有分支，制作相对简单，常用于欣赏类、演示类教学内容的展示。

2. 分支交互型结构

分支交互型结构的课件不是按直线方式运行的，而是在运行过程中可以跳转到某个分支。这种结构的课件灵活性更强，更加符合人的思维习惯，使用非常普遍。

3. 模块型结构

模块型结构的课件可分为主控模块和多个功能模块，主控模块控制功能模块，功能模块负责内容展示。功能模块可依据所呈现内容的需求进一步分为更细小的模块。

4. 积件型结构

积件型结构的课件不是用来完成较大的多媒体课件制作的，而是通过制作许多小的知识点的"微型元件"，形成微型课件资源库，当需要某些元件时，将其拿出重组即可。

二、多媒体地理课件的设计

（一）多媒体地理课件的设计原则

1. 教学目标导向原则

多媒体地理课件的设计需要围绕明确的教学目标展开，确保其内容和功能符合课程标准和教学计划。课件的每一部分设计都应服务于学生的知识习得、能力提高和综合素质发展，避免偏离教学核心。

2. 以学生为中心原则

多媒体地理课件的设计应以学生为中心，充分考虑其年龄、认知特点和学习兴趣。通过采用生动的动画、清晰的地图和丰富的互动环节，激发学生对学习内容的兴趣。设计过程应注重个性化和趣味性，如通过设置问题探究模块或虚拟环境体验模块，增强学生的参与感和主动性。以学生为中心的课件不仅能提高学生的学习效果，还能帮助学生在轻松愉快的氛围中理解复杂的地理现象，从而实现知识、能力与情感态度的全面发展。

3. 科学性与准确性原则

多媒体地理课件的内容设计必须以科学原理为依据，确保信息的准确性、严谨性。地理知识涉及复杂的空间、时间和动态过程，如气候变化、板块运动等，必须基于真实数据和理论进行展示。例如，在展示全球气候变化时，应采用权威资料和科学数据，避免片面或错误的表述。科学性与准确性原则是保障多媒体地理课件质量的基础，尤其要确保教学内容的严谨性。

4. 直观性与可视化原则

多媒体地理课件应通过地图、图表、动画、视频等形式直观呈现复杂的地理现象，使抽象的知识具体化，帮助学生更轻松地理解和掌握教学内容。

5. 简洁性与可操作性原则

多媒体地理课件的界面设计应简洁清晰，操作流程易懂，避免过多的文字和复杂的交互操作，从而让学生专注于学习内容而不是操作方式。

6. 互动性与趣味性原则

多媒体地理课件的设计应注重人机交互功能，通过问题探究、模拟实验、动态演示等方式增加互动环节，同时利用趣味性内容吸引学生的注意力，丰富学生的学习体验。

7.可扩展性与更新性原则

多媒体地理课件的设计应开放、灵活，便于教学内容的扩展和更新。例如，可以增加新的学习模块或更新地理数据，确保课件能够满足不同教学需求。

8.技术与内容相匹配原则

多媒体地理课件的设计应遵循技术与内容相匹配原则，根据教学内容选择最适合的表现形式，避免过于复杂的技术或效果分散学生的注意力。例如，用动画模拟动态过程，用图表展示静态分布。

（二）多媒体地理课件设计的基本要求

多媒体地理课件不仅应具备科学性、教育性与艺术性，还应简单易用。具体来说，多媒体地理课件应具有精美的界面、清晰的图片、逼真的动画、丰富的影像和真实的声效，同时层次分明、主题突出、页面设计美观，以吸引学生的注意力，激发其学习兴趣，提高其学习积极性和主动性。在课件设计过程中，教师需要综合考虑多方面因素，以确保课件的内容和形式相辅相成，为教学目标的实现提供有力支持。

1.教学内容的选择要有针对性

并非所有的教学内容都适合制作成多媒体课件。教师在设计多媒体课件前，需要深入研究课程标准和教材，明确不同教学内容的具体目标，并结合教学对象的年龄特征、心理特征、知识水平及接受能力进行综合分析。课件的内容选择应具有针对性，像地壳运动、板块构造等地理知识，通过动态演示的方式能够有效帮助学生理解；而对于一些简单的教学内容，如果传统教学方法就能达到良好的教学效果，则无须将其制作成课件，以免浪费时间和精力，同时避免将简单问题复杂化，影响教学效果。有针对性地选择教学内容是确保课件的制作投入在真正需要的地方，最大限度地提高教学效率的关键。

2. 课件要具交互性

无论是教师演示型还是学生操作自学型课件，都应具有较强的交互性。教师既可随机选择课件的各部分内容，方便快捷地进行演示，又可根据教学情况进行调整，重新组织教学内容。在每一个教学知识点后应加入具有交互性的练习题，以此来活跃课堂气氛。教师可以在课件中设计一定的正误反馈，如当学生操作正确时，会自动出现鼓掌声或表扬的文本；操作错误时，则自动显示鼓励的字句或小孩摇头的动画。

（三）多媒体地理课件的系统结构设计

1. 多媒体地理课件的总体结构设计

从外在表现结构看，多媒体地理课件如同一部电影，由许多画面组成，这些画面被称为框面，而框面又可以分为封面、扉页、菜单、内容、说明（帮助）和封底六个部分，这六个部分是多媒体地理课件总体结构设计的重要内容。

（1）封面。封面是多媒体地理课件的开篇部分，通常以动态或静态的图像展示制作单位的名称或课件的总标题。在多媒体环境下，封面不仅是课件的"面孔"，还是引领学生进入课件学习的第一步。教师可以采用视频动画、音效和图像等元素吸引学生注意力。封面的设计应该简洁明了，在快速传达课件主题和内容的同时，激发学生的兴趣和好奇心。

（2）扉页。扉页紧随封面之后，一般由一个或几个框面组成，可以包含文字、图像和动画等元素，用来进一步详细解释和扩展封面上的信息，如详细展示课件的主题。扉页的设计应注重内容的明确性和易读性，确保学生能迅速了解课件的主要内容和目标，为后续的学习做好准备。

（3）菜单。菜单是多媒体地理课件的导航中心，类似于书籍的目录，旨在帮助学生快速定位和选择学习内容。菜单应设有多层级结构，方便学生根据自己的需求和兴趣，便捷地导航至不同的教学模块和主题。菜单的设计应具备清晰的布局和较强的可操作性，以支持学生高效、自主地探索课件内容。

（4）内容。内容部分是多媒体地理课件的核心，包含丰富的教学信息，这些信息通过文本、图像、音频、视频、动画等进行呈现。内容部分应该注重逻辑结构的清晰和信息表达的准确，确保学生能有效吸收和理解知识。同时，该部分可以融入互动和反馈机制，来增强学生的参与感和学习效果。

（5）说明（帮助）。说明（帮助）部分为学生提供课件使用指南，通常包含操作说明、技术支持和常见问题解答等信息。它帮助学生熟悉课件的功能和操作，解决使用过程中遇到的问题。该部分应设计得易于访问和理解，确保学生能快速掌握课件的使用方法，顺利进行学习。

（6）封底。封底部分通常展示制作课件的团队和个人名单，对他们的贡献给予认可和致谢。封底也是课件的结尾部分，可以设计成简洁优雅的样式，以给学生留下深刻印象。封底部分还可以包含课件版本、版权和联系方式等附加信息，为学生和教师提供进一步的参考和联系渠道。

2. 多媒体地理课件的内容结构设计

多媒体地理课件的内容结构主要包括引入、指导和练习三个部分，这也是多媒体地理课件系统结构设计的重要内容。

（1）引入部分。引入部分的目的在于引导学生顺利进入后面内容的学习，该部分主要包括以下内容。

①确认学生是否具备完成本单元知识学习的基础。

②列出本单元的学习目标和主要学习内容。

③进行预备性测试，即通过测试了解学生的情况。如果测试结果显

示学生还需要补充一些内容才能完成本单元的学习，那么系统运行流程会发生变化，转向辅助学习系统。

（2）指导部分。指导部分主要分为主指导和补充指导两项内容。

①主指导指必须学习的内容，包括概念、法则、理论等基本内容。

②补充指导是在主指导基础上进行的某种补充。

（3）练习部分。练习部分分为主练习和补充练习两项内容。

①主练习。目的是让学生完成对知识的巩固。

②补充练习。如果学生在完成主练习后没有达到预期的效果，则需要进行补充练习。

三、多媒体地理课件的制作

（一）多媒体地理课件的制作步骤

多媒体地理课件的制作步骤包括确定选题、教学设计、软件系统设计、脚本编写、素材选择与加工、试运行、效果评价、利用课件教学、终结性评价等步骤。

1. 确定选题

在确定选题时，可以从以下四个方面做出思考。

（1）教学要求。结合教学目标以及教学内容确定选题。

（2）教学对象。结合学生的知识水平（包括计算机操作水平）和学习能力确定选题。

（3）课件运行环境。明确多媒体课件运行所需要的环境，包括硬件环境、软件环境和课件播放环境。

（4）课件的组成部分。了解课件的类型和主体结构，明确主模块和各模块间的关系。

2.教学设计

多媒体地理课件的教学设计包含教学内容确定、教学单元划分、教学模式选择、学生情况分析、多媒体信息选择、知识结构建立和练习设计等。

（1）教学内容确定。根据教学目标、教学大纲和课程要求确定要讲解的核心内容，包括教学重点和难点。例如，在讲授气候类型时，应重点展示其分布规律、成因和影响。

（2）教学单元划分。将教学内容划分为若干逻辑清晰的教学单元，每个单元对应一个具体的知识点或主题。单元划分需要按照知识的层次性和连贯性进行设计，便于学生循序渐进地学习。

（3）教学模式选择。选择适合课件主题的教学模式，如讲授式、探究式、互动式或案例分析式。教学模式应与多媒体地理课件的内容特点相匹配，如讲解板块构造学说时可采用探究式教学模式，区域地理可采用案例分析式教学模式。

（4）学生情况分析。分析学生的学习水平、认知特点和兴趣爱好，确保课件内容和设计符合学生的接受能力和学习需求。例如，对初学者采用直观图解和动画演示的方式展示教学内容，为进阶学习者设计互动探究环节。

（5）多媒体信息选择。根据教学内容选择合适的多媒体形式，如文字、图片、动画、音频或视频，同时确保多媒体信息的科学性与适切性，使其有效辅助教学目标的实现。

（6）知识结构建立。梳理教学内容的内在逻辑关系，构建清晰的知识框架。例如，通过思维导图展示知识点之间的关联，帮助学生形成整体认知。知识结构设计需要注重从整体到局部、从概念到应用的层次性。

（7）练习设计。根据教学内容设计具有针对性的练习题目，包括选择题、填空题、连线题和情景模拟题等。练习完成后需要有及时的反馈，来帮助学生发现薄弱环节，从而进行有针对性的改进。

3. 软件系统设计

软件系统设计主要包括以下内容。

（1）软件的选择。依据多媒体地理课件的设计要求，选择适合的软件。

（2）封面设计。封面用于展示多媒体地理课件所要讲述的主要内容，需要能引起学生的关注。

（3）建立不同单元间的层次结构。在分析教学目标和教学内容的基础上，将各单元联系起来，形成知识以及目标层次结构图。

（4）构建教学单元的超链接。超链接可以让学生通过点击文字或图像实现内容跳转，即它能够从某个具体的信息跳转到与其相关的另一个信息，使知识点之间的逻辑关系、层次关系以及连接关系形成一个非线性的结构。

4. 脚本编写

脚本编写是由教师按照教学要求和教学思路对课件的教学内容和教学过程进行描述的一项工作，同时是课件开发与制作的一个重要依据。

一个典型的脚本应该包括课件信息，布局信息，提纲信息，动作、交互信息和链接信息等内容，同时应对课件中用到的元素进行具体的格式、质量等方面的说明。

课件信息通常包含设计者、设计时间等信息，以便之后修改脚本、组织脚本、管理脚本。

布局信息要展现当前页的人机交互界面。针对不同的应用场景，布局设计应该围绕需要采用的多媒体元素、版面整体效果、颜色搭配、符号大小、用户使用习惯等诸多方面进行详细描述。

提纲信息是对布局信息的补充。

动作、交互信息描述页面的动画元素，以及用户使用什么方法来控制使用课件。交互性是多媒体课件的一个重要特性，在脚本设计时，应体现先出现什么素材后出现什么素材；哪些素材可以同时显示在屏幕上，哪些素材需要先后出现；素材在出现时是否需要提示音。

链接信息说明当前页和其他页之间的关系，以及怎样转到其他页。链接信息包含一些交互方法。

设计脚本的目的是厘清教学思路，给教师提供制作多媒体地理课件的依据，并最终在计算机上反映出来。因此，脚本的设计要考虑周全，既要体现完整的教学思路，又要有实现的具体方法，还要考虑能否在计算机上实现。脚本的设计要有创意，既体现教师的个人教学风格，又符合学生现有的知识水平，还能活跃课堂气氛，提高课堂效率。

5.素材选择与加工

在制作多媒体地理课件前，教师需要对课件的整体结构和页面布局进行规划，事先准备好所需的文本、图片、视频等素材，并根据制作需求实时添加新的内容。素材的选择需要紧扣教学内容，确保与课程目标一致，同时注重视觉效果和逻辑清晰性。对于知识内容较多的课件，可以设计主菜单和子菜单的层级结构，或者设置导航条，便于教师在课堂教学中在不同内容间灵活跳转。教学内容需要放置在页面中心位置，确保学生的注意力集中。控制按钮应统一放置在页面底部，用于切换不同的内容模块，并标明操作功能，以便于教师操作。在需要鼠标操作的区域，可以通过动画或提示标志引导教师操作，进一步增强课件的交互性和可操作性。

（1）文字素材。文字素材主要包括文字、数字和符号，常用于表达知识点、背景信息、测验题目等内容。文字素材的输入方式灵活，既可以直接通过键盘录入，也可以利用文字处理软件事先编制文本文件进行存储，还可以通过网络资源获取，如借鉴相关的背景知识和测验题等内容，为课件内容提供有力的文本支持。

在多媒体地理课件中，文字素材的表达需要做到精确、简洁、鲜明，以确保教学内容得到清晰、准确的传达。除了文字内容本身的准确性，还需要关注以下几个要素。①字体与字号。选用清晰易读的字体，避免使用过于复杂或装饰性强的字体。字号应适当偏大，以确保后排学生能够清楚阅读。②颜色与对比度。文字颜色需要与背景形成明显对比，深色背景应采用浅色文字，浅色背景则宜使用深色文字，以增强可读性。③文字排版与布局。每页的文字数量不宜过多，避免造成视觉负担。如果内容较多，可通过分时显示或分页显示的方式呈现，这样既能分散信息量，又能引导学生逐步学习。④位置设计。将重要文字素材置于页面显著位置，确保学生能够迅速捕捉到核心信息。

（2）图形、图像素材。图形、图像素材用于直观展示地理现象、数据分布或其他教学内容。图形素材通常可以通过课件制作软件自带的绘图工具直接绘制，图像素材的准备途径则比较多，根据教学需要灵活选择和处理。

图形、图像素材的获取方式通常有以下几种。①通过互联网搜索相关图片。②从专业图像素材库或光盘中挑选高质量的图片。③利用 Windows 自带的剪贴画功能补充基础素材。④针对特定需求，教师可自行绘制或委托专业人员创作图像。⑤使用扫描仪、相机等设备获取所需素材。

获取的图形、图像素材有时不能直接用于课件制作，需要经过适当处理以满足教学要求。简单的图像可以用"画图"工具进行基本编辑，如裁剪、调整尺寸或添加标注。对于复杂或高要求的图像，可以用专业软件进行细致加工，如图像增强、去除瑕疵、调整色彩或添加特效。

选择的图形、图像素材应满足以下几点要求。一是清晰美观。图形、图像素材应具备高分辨率，确保展示效果清晰，无模糊或错误。二是内容突出。主要图形、图像内容应放置在页面中心位置，以便学生学习。三是尺寸适当。图形、图像的展示尺寸应足够大，保证后排学生能够清楚看到细节。四是科学严谨。所有图形、图像的内容必须准确无误，符合地理教学的科学性要求。

（3）音频素材。音频素材通过增强听觉效果，为教学内容提供更多维度的表达方式。根据内容和用途，音频素材通常分为环境声、背景声和语音三种。

环境声指与特定情境相关的音效，如风声、水声、鸟鸣、鼓声等。在地理课件中，适当的环境声能够有效增强视觉表现，揭示事物的本质特征。例如，海浪声配合海洋环境的讲解，可以增强沉浸感和真实感。

背景声通常指与教学内容相契合的背景音乐，用于营造氛围、创设情境或渲染情感。适当的背景音乐能够调动学生的听觉感官，激发学生的学习兴趣，如在讲解各地风俗时播放当地的民歌。背景音乐的音量需要适中，避免干扰教师讲解或分散学生注意力。另外，背景音乐应设置开关按钮，方便教师根据实际需要控制音乐的开启和关闭。

语音用于对文字、图形、图像、动画或视频等内容进行解说，帮助学生理解课件中展示的知识点。语音包括画外解说、画中人物讲解和问答互认。例如，在板块构造学说的动画展示过程中，加入清晰、简洁的语音解说，可以强化学生对内容的理解和记忆。语音解说需要准确、清晰且语速适中，以便学生能够轻松理解。

音频素材可以通过多种方式获取，如从互联网下载，从音效库中选择，或调用软件自带的音效资源。如果现有资源无法满足需求，可以用录音设备自制或请专业人员制作。采集到的音频素材需要经过适当加工处理，如格式转换、音效增强或剪辑等操作，以使音频素材更符合课件设计要求。

在选择音频素材时需要注重以下几点。①科学性。音频内容需要与教学内容相关，避免不必要的音效干扰。②适度性。音量和长度需适中，确保不会分散学生的注意力或干扰教学节奏。③功能性。设置音频开关或控制按钮，便于教师灵活操作。

（4）视频素材。视频素材用于动态展示地理现象、演示过程和解读复杂的知识点，以直观、生动的方式帮助学生理解地理内容。

视频素材可以通过多种途径获取：一是从录像带或数字视频光盘中选择适合的片段，通过视频采集设备将模拟信号转换为数字信号，以便在课件中使用；二是从互联网上下载符合教学需求的视频；三是自行拍摄真实场景或通过动画软件制作视频，以满足特定的教学需求。

视频素材在导入课件前通常需要经过编辑与处理，以增强其表现效果，并确保其与教学目标一致。第一，可以使用视频处理软件对素材进行非线性编辑，包括剪辑片段、合成内容和添加特效。第二，可以在视频中插入滤镜、文字说明、背景音效等，增强教学视频的直观性，提高信息传达效率。第三，进行格式与分辨率调整，确保视频清晰度满足教学需求，并采用播放多媒体课件的平台支持的格式。

使用视频素材时需要注意以下几点。①视频时长要合理，避免过长分散学生注意力，视频应简明扼要且直击教学重点。②视频播放应配合教师的讲解节奏，避免出现学生还未充分理解视频内容就结束播放的情况。③课件需要具备视频控制按钮，如暂停、重播等按钮，便于教师灵活掌控教学过程。

（5）动画素材。动画素材具有动态性、直观性和灵活性的特征，可用于演示地理事物的位置关系、物体的运动规律、物质的变化过程，以及解释自然现象的演变等。

动画素材的获取途径多样，可以根据教学需求灵活选择。一是通过互联网或动画素材光盘库获取。二是使用专业动画软件制作。

动画素材的加工应满足以下要求。①科学性与准确性。动画内容必须基于真实的地理知识和现象，确保科学性，避免误导学生。②直观性与趣味性。动画需要清晰简洁，突出教学重点的同时兼顾趣味性，以吸引学生的注意力。③层次性与适用性。动画设计应根据教学目标分层次展示，从整体到细节逐步引导学生理解复杂内容。④操作便捷性。动画素材应支持教师灵活播放、暂停和重放，方便课堂讲解与演示。

6. 试运行

对初步形成的多媒体地理课件进行试运行，发现其中的缺陷和不足，然后进行修改和补充。为了充分检验课件的功能，课件的开发者需要在调试的过程中检验每一个按钮、链接和菜单，以保证调试的完整性和准确性。

7. 效果评价

在课件开发的过程中，课件的开发者需要收集有效数据，对数据进行分析，并以此为依据进行改进与开发工作。效果评价应贯穿课件设计和开发的整个过程。

8. 利用课件教学

经过反复测试后，便可以将课件应用到实际的教学中。在使用课件教学时，教师应充分发挥课件的作用，从而最大限度地提高教学效率。

9. 终结性评价

在教学活动结束后，评价者对课件的价值做出判断，并提出建议，以帮助决策者做出关于课件的选择和推广应用等方面的决策。

（二）常用的多媒体地理课件制作工具

在多媒体地理课件开发的早期阶段，开发者需要对程序设计语言有深入的了解和掌握。这意味着开发者需要具备高级的编程技能。对于大多数教师来说，这是一个显著的障碍，导致他们的课件制作参与度较低。然而，课件的设计和使用是密不可分的，教师的直接参与对课件的质量和实用性至关重要。为了解决这个问题，并缩短多媒体课件从开发到实际使用的时间周期，教师可以选择多种多媒体课件创作工具。这些工具的优势在于它们的用户友好性：经过简单的培训后，教师无须掌握复杂的编程理论和技能，就可以根据自己的教学设计思路制作专属的多媒体课件。常用的多媒体地理课件制作工具包括以下几种。

1.PowerPoint

PowerPoint 是由 Microsoft 开发的一款得到广泛使用的演示文稿软件，也是制作多媒体地理课件的常用工具之一。在教育领域，PowerPoint 被广泛应用于课堂教学、远程学习、培训和研讨会等场景。它以用户友好的界面和操作简便的特点著称，能让教师和学生在无须掌握复杂技能的情况下快速制作出专业的多媒体课件。

PowerPoint 提供了丰富的设计模板和布局，用户可以通过简单的拖放和编辑操作，添加或排列文本、图像、音频、视频和动画等多媒体元素。这使教师能够轻松定制课件内容和样式，以适应不同教学需求和学生特征。PowerPoint 的灵活性和多样性意味着它能够应对各种教学主题和内容，支持教师实现多样化和个性化的教学目标。另外，PowerPoint 还支持互动功能，教师可以通过插入超链接、按钮和触发器等元素，设计互动式的学习路径和活动。这不仅有助于吸引和保持学生的注意力，还能促进他们的主动参与和深度学习。无论是线下课堂演示，还是在线学习平台，PowerPoint 课件都能实现稳定的课件展示和交互。

PowerPoint 的更新和优化也在不断进步，新版本加入了更多先进的设计和交互功能，进一步拓宽了其在多媒体课件制作中的应用范围。其云协作特性更是允许多人实时共同编辑，提高了团队协作效率和质量。

2.Authorware

Authorware 是交互功能强大的图标导向式多媒体设计工具，也是全球使用较广的多媒体创作工具之一。它最大的特点就是创造了基于图标的创作方式，用可见的流程贯穿课件制作的整个过程，将编辑系统和编程语言较好地融合在一起。因此，它的功能强大，无须掌握传统的计算机语言编程，只需要通过各种图标的调用，便能使非专业人员轻松地制作出图、文、声、像并茂的多媒体软件，其高效的多媒体管理机制和丰富强大的交互功能为多媒体地理课件的制作提供了很大的便利。用户通过对显示、移动、擦除、等待定向、框架、判断、交互、计算、映射数字电影、声音和视频等图标进行拖放和设置即可控制各种媒体和设计应用程序，从而完成课件的开发。

此外，Authroware 内置多种过渡效果，通过利用层以及 Alpha 通道，几乎能实现所有的动画效果。对于市面流行的各种格式的文本、图片、声音、影像等，也可以直接调用并能集成独立播放的多媒体程序。Authorware 还拥有强大的交互功能和丰富的函数库。

3.Flash

Flash 是由 Adobe Systems 开发的一款基于时间轴的动画制作工具，它制作出来的动画更加形象，专业性也比较强，因此它属于一款专业性比较强的多媒体课件开发工具。从简单的二维动画到复杂的三维视觉展示，它都能胜任，加之其丰富的动画工具和效果，创作者可以轻松实现复杂的动画序列和视觉效果。在教育领域，Flash 常被用于制作生动活泼的教学动画和模拟实验，帮助学生更直观、更深入地理解抽象和复杂的概念。互动性是 Flash 的另一显著特点。通过 ActionScript 编程语言，课件开发者能构建丰富的交互功能，如按钮、滑块、拖放等，使得教学内容更具探索性。学生能通过直接操作和实时反馈，积极参与学习过程，加深理解与记忆。

4.Articulate Presenter

Articulate Presenter 是一款高效的多媒体课件制作工具，深受教育者和企业培训师的欢迎。它简洁、直观的用户界面，使普通用户也能轻松地将 PowerPoint 演示文稿转化为互动性丰富的在线学习材料。Articulate Presenter 配备了一系列强大的编辑和设计工具，允许课件开发者快速集成视频、音频、动画和其他多媒体元素，从而为学生打造一种动态、引人入胜的学习体验。其中的测验和互动功能能有效评估学生的理解和掌握程度，为个性化学习和反馈提供了便利。Articulate Presenter 的另一个优势是其多平台兼容性和云基础特性，可以确保教学内容在不同设备和环境中得到无缝访问，满足了移动和远程学习的需求。

第四节　地理教学与多媒体技术融合的实践案例分析

本节以"地球运动的一般特点"为例展开多媒体地理教学设计。

一、学情分析

本节课的授课对象为高一新生。

（一）学生已有知识水平分析

高一新生已初步了解地球运动的两种形式，即自转和公转。他们对地球的基本运动规律有一定认知，如自转与昼夜交替、公转与四季变化之间的联系。然而，他们对地球自转和公转的具体特点（如周期、方向、速度）仍缺乏深入理解。此外，学生对相关科学概念（如开普勒第二定律、太阳日与恒星日）较为陌生，需要通过本节课进一步学习和掌握。

（二）学生已有能力水平分析

高一新生在学习中对新奇事物表现出强烈的好奇心，同时具备一定的分析、归纳和总结能力，这为地理课堂的知识传递奠定了良好基础。然而，他们尚未系统学习与地理相关的立体几何、物理定理和化学知识，这在一定程度上限制了他们对地球运动这类涉及空间想象和跨学科知识内容的深入理解。相关知识的欠缺导致他们在学习地球自转和公转的特点（如周期、方向、速度）时，可能会感到抽象和难以把握，从而增加学习难度。基于此，教师在教学中需要采用图文结合的方式，将复杂的概念直观化，配以具体的图示和动态演示，帮助学生建立空间想象的框架。同时，通过创设科学、真实的教学情境，将理论知识与生活现象结合起来，可以增强课堂的趣味性和互动性，降低学生的理解难度，使其更好地掌握本节课的核心内容。

二、教学目标

1. 知识与技能目标

（1）学生能够明确地球自转的方向、周期及速度，并能利用工具演示地球的自转运动。

（2）学生能够理解地球公转的方向、周期及速度，并能利用工具演示地球的公转运动。

（3）学生对比地球自转与公转的特点，能够清晰地认识这两种运动的联系和区别。

2. 过程与方法目标

（1）通过多媒体动态演示地球自转过程和小组讨论，学生能够合作分析地球自转的特点并进行归纳。

（2）通过多媒体演示地球公转过程，学生能够自主绘制地球公转的轨道示意图，理解并掌握地球公转的周期、轨道形状和速度变化等。

（3）结合演示和自主绘制图表的过程，学生能够比较地球自转与公转两种运动形式，深化对地球运动规律的认识。

3. 情感、态度与价值观目标

（1）通过多媒体演示与工具操作，学生能够在直观感知地球运动规律的过程中，加深对地球的认知，激发探索地球现象的热情。

（2）通过对地球自转与公转特点的对比分析，学生能够认识到自然界事物之间的内在联系与差异。

三、教学重难点

教学重点：地球自转的基本特点，包括自转的周期、方向及速度；地球公转的基本特点，包括公转的周期、方向及速度。

教学难点：理解恒星日与太阳日的概念及它们之间的差异；分析地球公转过程中速度的变化。

四、教学方法

本节课采用了多种教学方法。①地球仪演示法。通过地球仪直观展示地球自转与公转的特点，帮助学生建立空间感知。②多媒体情境法。利用动态模拟和视频演示，直观呈现地球运动的过程，降低知识学习的难度，增强学习的趣味性。③讲述法。通过教师的深入讲解，系统阐释地球运动的原理与规律。④小组讨论法。组织学生分组探讨恒星日与太阳日的区别，以及地球公转速度变化的成因。

五、教学过程

本节课的教学过程具体如表 4-1 所示。

表4-1 教学过程

教学环节	教师活动	学生活动	设计目的
新课导入	同学们，我们生活在地球上，每天都经历着从夜晚到白天的交替变化，太阳每天从东边升起，在西边落下。同时，我们经历着春夏秋冬四季的更替。有没有同学能告诉大家，为什么太阳总是从东边升起，四季的变化又是怎么形成的呢？	结合日常生活中的现象，回顾初中所学知识，试着说出这些现象背后的原因	通过创设生动有趣的情境，引导学生进入本节课的学习，并在轻松、有趣、充满活力的氛围中，探索地球运动的奥秘

续表

教学环节	教师活动	学生活动	设计目的
承转：同学们的回答非常精彩！这些现象与地球的自转和公转密切相关。今天，我们一起深入探讨地球的自转和公转规律。希望同学们能够运用所学知识去解释生活中的相关现象，并解决实际问题			
新课讲解	一、地球的自转 借助多媒体直观展示地球自转的过程。引导学生仔细观察动画，并围绕方向、周期和速度三个方面展开讨论，总结地球自转的主要特点	学生以小组为单位，认真观看动画展示，并围绕地球自转的方向、周期和速度展开讨论，总结地球自转的关键特点	通过观看动画，学生能够直观地感受地球自转的具体过程，从而加深对地球自转规律的认识
	1.地球自转的方向 教师使用地球仪进行演示，从侧面、北极上空和南极上空三个角度展示地球的自转过程。通过逐步引导，帮助学生观察并总结自转方向。同时，要求学生在地球自转的侧面图以及从南、北极上空的俯视图中标示出地球自转的方向	学生根据教师的演示，从不同视角观察地球自转的特点，并动手绘制侧面图及从南、北极上空俯视的自转方向图，完成对地球自转方向的理解与总结	通过教师演示、自己观察及绘图等活动，学生更深刻地理解了地球自转的方向。这种教学方式体现了"在实践中学习"的理念，即让学生在动手与动脑中掌握知识
	2.地球自转的周期 教师通过播放动画展示恒星日和太阳日的运动过程，边讲解两者的概念及差异，边引导学生通过观察图示辨认恒星日与太阳日，并分析其差异及成因	学生通过观看动画，结合教师的讲解，理解恒星日和太阳日的概念，能够清晰地说出两者之间的差异及差异产生的原因，并在课本中找到相关内容进行验证和巩固	通过真实场景的动画展示和教师的详细讲解，学生能够直观理解恒星日和太阳日的概念及差异。在分析两者差异的过程中，学生的理解更加深入，记忆更加牢固

续表

教学环节	教师活动	学生活动	设计目的
新课讲解	3.地球自转的速度 教师展示地球自转的角速度与线速度分布图，结合图示指导学生分析两者随纬度变化的规律，并组织讨论如何对这些特点进行归纳和总结	学生观察教师提供的图片，通过讨论，总结地球自转的角速度和线速度的特征，并理解两者在不同纬度的变化规律，从而进一步掌握地球自转速度的分布特点	结合图片展示与讨论活动，帮助学生提高读图与分析能力，使他们对地球自转速度及其变化特征的理解更加深刻，知识掌握得更加牢固
	二、地球的公转 教师播放地球公转的动画演示，带领学生从地球公转的方向、周期和速度三个方面展开小组讨论，分析地球公转的主要特点	学生观看地球公转的动画演示，分组讨论地球公转的特征，并尝试归纳总结地球公转的方向、周期和速度	通过观看动画演示，学生能够更直观地理解地球的公转运动。小组讨论的方式能充分激发学生的参与热情，拓展他们的思维广度和深度
	1.地球公转的方向 教师再次播放地球公转的动画演示，帮助学生观察和总结地球公转的方向，同时引导学生将地球公转方向与地球自转方向联系起来，寻找两者之间的一致性	学生通过观看动画演示，清晰地了解地球公转的方向，并通过回忆地球自转的方向，总结两者方向一致的特点	通过动画演示，学生能直观认识地球公转的方向，并进一步通过对比地球自转方向进行总结分析，深化对地球运动规律的理解
	2.地球公转的周期 教师展示恒星年和回归年的图片，并详细讲解两者的概念。通过分析图片，引导学生比较恒星年与回归年的区别	学生观察教师提供的图片，结合教师的讲解对恒星年和回归年的差异进行对比分析，深入理解地球公转周期的特点	结合图片展示和语言讲解，学生能明确地球公转的周期特征，同时提高读图与分析能力，加深对知识点的理解

续表

教学环节	教师活动	学生活动	设计目的
新课讲解	3.地球公转的速度 教师通过动画展示地球公转，并结合教材图示，指导学生分析地球公转轨道的形状、太阳的位置、近日点与远日点以及公转速度的变化规律。借助开普勒定律，教师引导学生探究速度变化的成因，同时提问"导致北半球夏半年186天，冬半年179天的原因是什么"	学生通过观看动画，结合图示展开讨论，分析地球公转速度在近日点与远日点的变化特征。随后，学生运用所学知识回答教师提出的问题，进一步理解地球公转的规律	通过观看动画演示，学生集中注意力从中提取关键信息；结合开普勒定律，深入探讨地球公转速度变化的原因，锻炼问题探究与解决能力；通过回答问题，学生将所学知识应用于具体情境，实现知识的迁移与拓展
课堂巩固	教师邀请几名学生上台演示地球自转和公转的过程，台下的学生观察并指出演示中的错误。教师根据学生的反馈对相关内容进行补充和评价，同时总结地球自转和公转的异同点以巩固知识	在教师的引导下，学生主动参与演示活动，其他学生对演示提出意见。随后，学生通过完成巩固练习，进一步加深对课堂内容的理解	通过亲自参与演示活动，学生能够更直观地理解和记忆知识点。自我练习与归纳的过程不仅强化了学生对知识的掌握，还提高了学生的综合能力
知识小结	请同学们回顾一下今天学习的内容，并对其他同学的回答进行补充。学完地球自转和公转的特点后，哪位同学能够解释昼夜交替现象和四季变化的成因呢？	学生主动回忆并总结本节课的学习内容，同时根据教师的问题，结合所学知识分析和解答，展示对课堂内容的理解与掌握程度	让学生主动总结，体现学生在学习中的主体地位。在描述和回答问题的过程中，学生不仅能加深对知识的理解，还能增强表达和归纳能力
教学反思	本节课创设了丰富的情境，充分发挥了多媒体动态、形象的教学优势。在导入阶段，通过设计问题情境吸引学生的注意力；在新课讲解部分，利用动画演示拓宽了学生的思维广度，配合小组讨论，深入地讲解了地球自转与公转的方向、周期与速度，完成了本节课的重难点内容解析。在课堂巩固和知识小结部分，不仅归纳了本节课的主要内容，还通过回顾引导学生对本节课内容进行了总结和巩固		

第五章　地理教学与网络的融合

第一节　网络与网络辅助教学概述

一、网络概述

（一）网络的含义

网络是指将计算机及其他电子设备通过一定的通信介质连接起来，以实现资源共享、数据交换和信息传递的系统。在网络中，各种设备通过相互通信形成一个整体，用户可以通过网络访问共享资源、传递信息和执行协同任务。网络的核心是实现设备之间的互联互通，使信息可以快速、高效地在不同设备和用户之间流动。

（二）网络的构成

网络的构成主要包括以下几个要素。

（1）硬件设备。计算机、路由器、交换机、服务器、调制解调器等，这些设备构成了网络的物理基础。

（2）通信介质。网络的通信介质包括有线介质（如光纤、铜线）和无线介质（如 Wi-Fi、蓝牙等）。

（3）网络协议。用于规范设备间数据传输的规则，如 TCP/IP 协议，是确保网络通信正常运行的关键。

（4）软件支持。包括操作系统、网络管理软件和应用软件，负责管理网络资源和处理数据传输。

（5）用户终端。接入网络的设备，如计算机、智能手机、平板、物联网设备等。

（三）网络的类型

按照不同的标准，网络有不同的分类，以下为常见分类。

1.按覆盖范围分类

按覆盖范围，网络可分为局域网和广域网。局域网的覆盖范围通常在几千米至十几千米，适用于单栋建筑或多栋建筑的计算机设备连接。广域网的覆盖范围更广，通常在几十千米到几千千米，甚至可以覆盖一个地区、一个国家、一个洲，且所连接的系统通常不受统一所有权的限制。局域网的数据传输速度显著高于广域网。

2.按用途和服务对象分类

按用途和服务对象，网络可分为经济信息网、教育科研网、企业网、校园网等。以校园网为例，它主要满足学校的教学、科研和管理需求，属于局域网。然而，对于一些规模较大的学校，校园网的功能在局域网的基础上得到扩展，形成广域网。

（四）校园网的基本功能

校园网是为满足学校教学、科研和管理需求建设的计算机网络系统，其基本功能主要包括以下几方面。

1.信息共享与资源整合

（1）教学资源共享。提供课程教材、视频教程、电子书籍、实验数据等丰富的教学资源，供师生在线获取和学习。

（2）科研资源整合。支持科研数据共享、论文检索、学术交流等，促进科研成果的传播和应用。

（3）管理信息化。整合学校管理资源，实现教务、学籍、财务等数据的数字化管理，提高管理效率。

2. 教学与学习支持

（1）在线教学平台。支持教师在线授课、布置作业、组织测试，也支持学生在线学习和答疑。

（2）虚拟实验室。通过网络提供虚拟仿真实验环境，让学生在远程条件下也能进行科学实验。

（3）个性化学习服务。根据学生的学习行为特点，推荐适合他们的学习资源和路径，满足他们的个性化学习需求。

3. 校园管理与服务

（1）校园管理数字化。实现图书馆管理、宿舍管理、校园卡服务、设备预约等业务的网络化与智能化。

（2）即时通信与协作。支持邮件收发、在线聊天、视频会议等，方便师生之间以及部门之间的交流与协作。

（3）校园活动支持。为校园活动如讲座、竞赛、会议等提供信息发布和报名系统。

4. 网络安全与监控

（1）身份认证。通过统一身份认证系统，保障校园网用户的合法性和资源使用的安全性。

（2）数据保护。具备数据备份与加密功能，有效防止重要数据丢失或被非法篡改。

（3）网络监控。监测网络运行状态，优化网络性能，及时发现并处理安全威胁。

5. 校园生活便利化

（1）智慧校园服务。通过与智能设备连接，实现宿舍用电管理、智能考勤、校内导航等功能，为师生提供便捷的生活体验。

（2）在线支付。支持校内消费、学费缴纳、活动报名等的在线支付，提高支付的便捷性和效率。

二、网络辅助教学概述

（一）网络辅助教学的含义

网络辅助教学是数字化环境下的信息学习活动，这个环境中的所有资源都经过数字化，以电子化形态存在，涵盖录像、软件、网页、电子邮件、在线学习管理系统、计算机模拟、网上讨论、数据文件和数据库等。网络辅助教学是区别于传统课堂教学的一种有效的教学方式，是一种基于计算机网络通信系统，利用信息技术进行师生间的多向交流的教学方式。网络辅助教学具有与电化教学相似的地方，但它又具有以往技术无法提供的新的特质，具体表现在以下几个方面。

（1）技术难度与成本的降低使得应用范围更广。

（2）提供了多样化的、更为灵活的双向交互机制。

（3）提供了海量的并处于时刻更新状态的信息资源。

（4）能够吸纳更广泛的虚拟学习群体的加入。

基于上述四个方面的特质表现，网络辅助教学实际上提供了更为明显的、以主动探究学习方式为主的学习环境，使学生的学习行为变得更加主动。

（二）网络辅助教学的特点

网络辅助教学作为现代信息技术在教育领域的应用，与传统教学方式相比，具有许多新的特点，主要表现在以下几个方面，如图5-1所示。

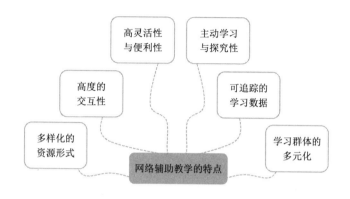

图 5-1　网络辅助教学的特点

1. 多样化的资源形式

网络辅助教学通过数字化技术整合了多种教学资源，包括文本、图片、音频、视频、动画等，学生可以随时访问这些丰富的资源，从而满足多样化的学习需求。例如，在地理教学中，通过在线地图和卫星图像，学生可以直观地了解地形地貌。

2. 高度的交互性

网络辅助教学为师生、生生之间提供了多样化的互动形式，如在线讨论、实时问答、作业反馈等。学生不仅可以与教师进行实时交流，还可以通过虚拟学习社区与其他同学分享观点、协作完成任务。这种双向或多向的交互机制显著提高了学习的参与度和学习效率。

3. 高灵活性与便利性

网络辅助教学突破了传统课堂教学的时空限制，学生可以根据自己的学习节奏和时间安排，自主选择何时何地进行学习。这种灵活性与便利性满足了开展个性化学习的学生及跨地域的教学需求。

4. 主动学习与探究性

网络辅助教学强调以学生为中心，鼓励自主探究学习。学生可以通过查阅资料、观看教学视频、完成在线练习等方式主动获取知识,逐步培养自主学习的习惯和独立解决问题的能力。学生的学习不再局限于被动接受,而是转向主动建构知识。

5. 可追踪的学习数据

网络辅助教学通过学习管理系统等技术手段,记录学生的学习轨迹、参与度、测试结果等数据。这些数据不仅有助于教师监测和评估学生的学习效果,还为教师调整教学策略提供了数据支持。

6. 学习群体的多元化

网络辅助教学通过虚拟课堂可以连接来自不同地区和文化背景的学生。学习群体的多元化有助于学生开阔视野,提高跨文化沟通与合作的能力。

(三)网络辅助教学的发展趋势

随着信息技术的不断进步,网络辅助教学逐渐成为现代教育中不可或缺的组成部分。它不仅为学生提供了丰富的学习资源和灵活的学习方式,还为教师提供了新的教学工具和平台。未来,网络辅助教学将呈现以下几个主要发展趋势。

1. 人工智能与个性化学习的结合

人工智能的发展将使网络辅助教学更加智能化、个性化。通过数据分析和学习行为分析,人工智能能够为每个学生定制个性化的学习路径和内容推荐。学生的学习进度、兴趣、优劣势将被实时监测,从而实现精准的学习引导。人工智能还能为教师提供实时的教学反馈,帮助其了解每个学生的学习状况,并据此调整教学策略。

2. 虚拟现实与增强现实技术得到更广泛的应用

随着虚拟现实与增强现实技术的不断成熟,网络辅助教学的形式将更加丰富和生动。学生能够身临其境地进行虚拟实验、模拟操作、情境体验等。这些技术特别适用于一些抽象的学科内容和实践性较强的课程，如医学、地理、工程学等，能够大大提高学生的参与度和兴趣。

3. 大数据技术与学习评估的深度融合

大数据技术将在网络辅助教学中扮演越来越重要的角色。通过对学生学习数据的收集与分析，教师可以更全面地了解学生的学习情况，识别潜在的学习问题，并为学生提供定制化的学习建议。同时，大数据技术还能帮助教育决策者评估教学效果、优化课程设计和教育政策。

4. 跨平台与多设备支持

未来的网络辅助教学将越来越注重跨平台的兼容性与多设备支持。无论是个人电脑端还是手机端，学生都可以随时随地进行学习和互动。通过云平台的支持，学生的学习进度和数据能够实时同步，从而确保学习的连续性和便捷性。这种跨平台、多设备的无缝衔接将使学习更加灵活和个性化。

5. 互动性与协作性的增强

网络辅助教学将更加注重互动性与协作性。未来的学习不再是单纯的知识传递，而是师生、学生之间的多向互动。通过在线讨论、实时反馈、协作项目等，学生能够在团队合作中培养批判性思维、沟通能力和合作精神。社交化学习平台的普及将进一步促进学生之间的学习交流与合作。

6. 教学内容的开放化与共享化

未来的网络辅助教学将进一步推动教学资源的开放化与共享化。许多优质的教育资源（如课程、教材、讲座、实验视频等）将通过开放平台免费或低成本地提供给全球的学生。这种开放资源的共享不仅有助于知识的传播与普及，还能促进教育公平，使更多学生受益。

7.移动学习与微学习的兴起

随着移动设备的普及，移动学习与微学习成为网络辅助教学的重要发展趋势。移动学习允许学生随时随地通过手机或平板电脑进行学习，而微学习强调短时高效的学习方式。学生可以利用碎片化时间完成微小的学习任务，如观看短视频、做小测试、参与在线讨论等，从而提高学习的灵活性和效率。

8.游戏化与沉浸式学习

游戏化与沉浸式学习将成为网络辅助教学的重要发展趋势。通过将教育内容与游戏元素相结合，学生能够在更轻松、愉快的环境中学习。这种方式通过奖励机制、角色扮演等手段激发学生的学习兴趣和动力，增强学习的互动性和趣味性，尤其适用于提高学生在某些领域的实践能力和创新能力。

第二节　网络环境下地理教学资源的检索、获取与应用

一、网络环境下地理教学资源的检索

网络环境下地理教学资源常通过搜索引擎、数据库、地理学科教学网站和浏览式进行检索，如图 5-2 所示。

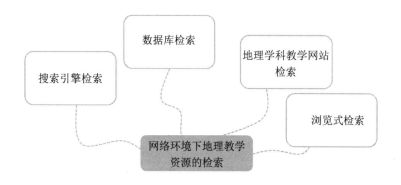

图 5-2　网络环境下地理教学资源的检索

（一）搜索引擎检索

1. 搜索引擎的概念

搜索引擎是一种专门用于在互联网上检索信息的工具。它通过自动化程序在互联网上收集大量的信息，然后通过复杂的算法对这些信息进行索引和排列。当用户输入特定的关键词或短语进行查询时，搜索引擎能够迅速地从其庞大的数据库中检索出相关的结果，并按照相关性进行排序展示。搜索引擎不仅能检索文本信息，还能检索图像、视频等多种类型的信息，成为人们获取和利用互联网信息的重要途径。它连接了用户和世界上无尽的信息资源，使得互联网上的海量信息能够被快速、方便地访问和利用，极大地推动了信息时代的进步和发展。

2. 搜索引擎的特点

（1）支持全文检索。支持全文检索意味着搜索引擎能够对网页或文档的全部内容进行检索，而不仅仅是标题或元数据。这确保了搜索结果的全面性和准确性。全文检索涵盖各种类型和格式的内容，包括文本、图像、音频、视频等，使用户可以获取多样化的信息资源。搜索引擎依托多种技术，如自然语言处理技术、检索排序技术、网页处理技术，识别和处理大量的数据，确保检索结果的相关性和可用性。全文检索支持高级搜索功能，如布尔操作符、短语匹配和近义词搜索等，为用户提供灵活和精准的检索体验。

（2）支持目录式分类结构。搜索引擎支持目录式分类结构，意味着用户不仅可以按照关键词进行检索，还可以按照特定的分类和主题进行检索。目录式分类结构可以帮助用户通过分类浏览的方式快速定位到所需的信息，特别是当用户不确定具体的搜索关键词时，这种结构化的信息组织方式尤为有益。每个类别或主题下的相关资源按照层级结构进行有序排列，用户可以按照这些明确的类别深入探索，更便捷地发现和访问各种在线资源。这种分类结构使得搜索引擎更具用户友好性，不仅能满足用户精确检索的需求，还能满足用户探索式的学习和研究需求，拓宽了信息检索的途径和维度。

（3）能够区分搜索结果的相关性。能够区分搜索结果的相关性可以确保用户快速地从大量的搜索结果中识别和访问最相关和最有价值的信息。利用复杂的算法，搜索引擎可以依据每个检索结果与查询关键词的匹配程度、网页的权威性和信誉度、用户的点击行为等，对检索结果进行评估和排序。这意味着用户在查询结果中最先看到的就是最相关和有用的结果，大大提高了信息检索的效率和准确性。这对帮助用户在互联网中迅速找到所需信息，避免信息过载和干扰，具有至关重要的作用。

（4）检索方法多样、查找手段完备。用户可以根据自己的需要选择从简单关键词检索到复杂布尔检索的多种方式。这种多样性意味着搜索引擎能够满足不同层次、不同需求的用户的信息检索要求。除了文本检索，搜索引擎还提供图像、视频等多种类型的信息检索服务，确保用户能够全方位、多维度地获取所需信息。高级搜索功能、自动填充、语音搜索等的应用，使得检索更加便捷和精准。此外，搜索引擎还依据用户的搜索历史和行为数据，提供个性化的检索体验，使每次检索都更加贴合用户的实际需求和偏好，从而极大地提升了检索的效率和用户满意度。

3.搜索引擎检索的方法

（1）基本关键词检索。基本关键词检索是最常见且最简单的检索方式。用户输入与地理教学资源相关的单一关键词或短语，搜索引擎便会返回包含这些关键词的网页、文档等资源。例如，要想查找地理学科教学资源时，可输入"地理教材"或"地理教学视频"即可。这种方法适用于快速搜索，但需要注意过于简单的关键词可能会产生大量不相关或低质量的搜索结果。为了提高搜索效果，建议在检索时尽可能使用具体、清晰的词语，避免使用过于宽泛的词语，如果想要检索结果精准匹配关键词，可以通过给关键词加引号来完成，这样检索结果就只会出现包含关键词的结果。

（2）使用布尔运算符。布尔运算符是一种强大的搜索工具，能够帮助用户更精准地控制搜索结果。常见的布尔运算符包括"AND"（与）、"OR"（或）和"NOT"（非）。例如，在搜索"地理教学资源 AND 地图"时，搜索引擎将返回同时包含"地理教学资源"和"地图"的所有页面。使用"OR"则返回包含任意一个关键词的页面，这种方式可以扩大搜索范围。"NOT"则用于排除某些不相关的词汇，如"地理教学 NOT 初中"，可以有效过滤掉关于初中地理教学的内容。布尔运算符能够精准过滤搜索结果，减少冗余信息，提高检索的效率和相关性，这对地理教学资源的深入挖掘非常有帮助。

（3）使用高级搜索功能。高级搜索功能是一种更为细化的检索方式，允许用户通过更多条件来限定搜索结果。大多数搜索引擎提供了此功能，用户可以在高级搜索界面设定语言、时间范围、文件类型等筛选条件。例如，如果需要获取 2019 年以后发布的地理学科资源，可以通过"时间范围"进行限定，或者选择只查找 PDF 格式的教学文档。这种方式能够极大地提高搜索的精确性和实用性，在搜索学术文章、教材或特定格式的资源时尤为重要。通过使用高级搜索功能，用户能够迅速定位到最符合自身需求的教学资源，同时避免大量无关信息的干扰。

（4）个性化和本地化搜索。个性化和本地化搜索是指搜索引擎会根据用户的历史搜索记录、位置、语言设置等信息，为其提供更符合其需求的搜索结果。例如，如果一个用户经常搜索与中国地理相关的教学资源，那么当用户在搜索教学资源时，搜索引擎会优先显示与中国地理有关的内容。在本地化搜索中，搜索引擎会根据用户所在的地理位置，提供更适合本地教学需求的资源，如本地的教育平台、在线课程或地方性教材。个性化和本地化搜索能够帮助用户快速找到与自己教学需求相关的地理资源，提高检索效率，尤其适用于获取地方性的、语言或文化上有差异的资源。

（5）使用搜索引擎的特定功能。搜索引擎的一些特定功能能够帮助用户更精确、高效地查找地理教学资源。例如，Google Scholar专门用于学术文章和研究资源的搜索，而Google图片搜索则可以帮助用户快速查找地理教学所需的图像。此外，一些搜索引擎还提供"相关搜索"和"搜索建议"等功能，能够帮助用户拓展思路，挖掘更多相关资源。在地理教学资源的检索中使用这些特定功能，让教师可以获取多元化的信息资源，满足不同的教学需求。这些功能不仅能提高资源获取效率，还能为教师提供更多创意和参考，丰富教学素材。

（二）数据库检索

数据库检索是指通过特定的数据库平台来搜索、获取与地理学科相关的专业资源，如期刊论文、教材、报告、学术书籍、会议论文等。数据库检索具有比一般的互联网搜索更高的精准性和专业性，能够为教师提供更加权威、系统和深入的学术资源。

进行数据库检索前，用户需要了解所在领域的主流数据库，以及每个数据库的特点和收录范围。数据库检索的一般步骤如下。

1.明确检索目标

在开始检索前，用户要明确所需资源的类型和目标。例如，是要查找期刊论文、研究报告，还是查找教学课件、地图资料。明确目标可以帮助用户采取更合适的检索策略。对于地理教学资源，可能涉及具体的教学方法、地理概念、教学工具或特定区域的地理数据等。

2. 选择合适的数据库

不同的地理教学资源分布在不同的数据库中，因此选择合适的数据库至关重要。常见的数据库包括以下几个。

（1）中国知网。涵盖大量中文期刊论文、学位论文、会议论文等，适合查找中文资源。

（2）Google Scholar。适合寻找全球范围内的学术文章和研究成果。

（3）GeoBase。专门的地理信息科学数据库，提供全球地理、环境、地质等领域的科研资源。

（4）JSTOR。国际性的学术资源数据库，涵盖人文学科及自然科学等领域，适合查找英文文献。

3. 确定检索关键词

关键词的选择是进行数据库检索的基石，其准确性和相关性直接影响检索结果的质量。选择关键词时，要确保它们与检索主题紧密相关，并能准确反映信息需求的核心。用户需要广泛搜集和筛选与检索主题相关的词汇和短语，也可以从已有的文献、研究报告或相关领域的术语词典中获取。同时，考虑关键词的同义词和变体也非常重要，这样可以确保不遗漏任何相关信息。例如，在检索关于"气候变化"主题的资料时，可以以"全球变暖""环境变化"等为关键词，以实现对检索主题的全面覆盖。

4. 设置筛选条件

在检索到相关资源后，可以通过设置筛选条件进一步精准化搜索结果。例如，可以通过设置文献的发布时间、资源类型、语言、作者等进行筛选。这样可以更快速地定位到想要的教学资源。

5. 浏览和评估检索结果

检索结果确定后，浏览文献的标题、摘要、关键词等信息，评估其与教学目标的相关性。在此步骤，用户需要判断每篇文献是否值得下载或阅读全文，尤其需要关注资源的出版日期、来源、引用次数等，以确保获取的是最新、最权威的教学资源。

6. 获取和保存资源

确定了相关文献后，可以选择下载、保存或打印资源。多数数据库支持文献的PDF格式下载，也可以通过数据库提供的工具导出引用格式，以便在写作或教学过程中使用。此外，有些数据库还提供在线阅读功能，可以在不下载的情况下直接查看文章内容。

（三）地理学科教学网站检索

地理学科教学网站是针对地理学科设计的在线平台，通常由教育机构、学术组织或专家团队维护，包含课程材料、教学视频、学术文章、实验教程等各种类型的教学资源，从而为教师和学生提供了一个集中、专业的教学资源库。

在地理学科教学网站检索时，可采用以下方法。

1. 直接访问与导航

用户可以直接利用地理学科教学网站自带的导航和分类系统检索所需的教学资源。每个网站通常都有其内部的组织和分类结构，用户可以按照主题、课程或资源类型进行浏览和检索。

2. 关键词搜索

地理学科教学网站提供了内部搜索引擎功能，用户可以输入与所需资源相关的关键词或短语，快速检索网站内部的相关教学资料和信息。

3.利用外部搜索引擎

除了网站内部的搜索功能，用户还可以利用外部搜索引擎进行检索。通过在搜索引擎中输入特定的网站地址和关键词，可以定向检索特定网站内的内容。

4.订阅和关注

为了获取最新的教学资源和信息，用户可以关注地理学科教学网站。这样，每当网站更新通知或教学资料时，用户都可以第一时间得知。

（四）浏览式检索

浏览式检索是一种非线性的、直观的信息查找方法，它不依赖特定的关键词或查询语句。在这种检索方式中，用户可以直接浏览和探索信息资源，按照个人的兴趣和需求自由地发现和获取信息。这种检索方式常见于图书馆、博物馆、画廊以及一些网站和数字资源库。用户可以自由地探索各种类别、主题和集合，通过点击、滚动等方式来发现和访问所需的资源。虽然这种方式不够系统和结构化，但它为用户提供了一种自然、直观和灵活的信息获取方式，特别适合于开放式的探索和学习。用户可以根据自己的节奏和兴趣自由浏览，发现和探索未知的领域和资源，实现个性化的自主学习和研究。在某些情况下，浏览式检索能够帮助用户发现意外的信息，激发新的思维和创意。

二、网络环境下地理教学资源的获取

查找到相关地理教学资源后，即可通过下载获取该资源。下载的方法有很多，常用的有以下几种。

（一）网页另存为

网页另存为是一种常用的获取网上资源的简便方法。用户在浏览器中找到需要的资源后，可以直接将整个网页或其特定部分保存到本地硬盘上。这一操作通常可以通过浏览器的菜单选项进行，如"文件"菜单中的"另存为"选项。用户可以选择将网页保存为不同的文件格式，如纯文本、完整网页或仅 HTML 等，这样便于离线查看和分享。同时，网页另存为允许用户选择保存网页中的特定元素，如文本、图片或链接。这种方法的优势在于操作简便，不需要额外的软件或工具，用户可以迅速将在线资源转换为离线文件，方便随时查看和使用。需要注意的是，另存为网页时可能会遇到一些格式和布局的问题，特别是当网页中含有复杂的媒体和动态内容时。因此，在网页另存为后，可能需要进一步的编辑和调整，以保持内容的完整性和可读性。

（二）使用离线浏览器下载

离线浏览器是一种能够将整个网站或网页内容下载到本地计算机的工具，它不仅能下载具体内容，还能保持网站的原有结构和链接关系。对于地理教学资源中的大型网站或包含多个页面的在线教材，离线浏览器提供了一种高效的下载方式。

使用离线浏览器下载的操作步骤大致如下。

（1）选择适合的离线浏览器进行安装和配置。

（2）在离线浏览器中输入包含地理教学资源的目标网站地址。

（3）用户根据需要设置下载范围，如下载整个网站或特定页面、排除某些内容等。

（4）启动离线浏览器后，软件会自动下载网站的资源，并在本地计算机上保存网站的结构和链接。

（5）下载完成后，可以在没有网络连接的情况下查看和使用这些资源。

离线浏览器能够高效地抓取网站上的资源，尤其适合下载包含多个网页和相关资源的教育网站。然而，这种方法可能会下载大量不必要的内容，因此在设置时需要精准选择下载范围。

（三）利用多线程断点续传软件下载

多线程断点续传软件是一种高效的文件下载工具，允许用户暂停并在稍后继续未完成的下载，从而使大文件的下载或不稳定网络环境下的下载变得更方便和可靠。这类软件通过将文件分割成多个部分并同时下载这些部分来加速下载过程，每一部分使用一个单独的线程，从而实现多线程下载。当网络连接中断或用户需要暂停下载时，已完成的部分将被保存，用户可以在之后继续下载未完成的部分，无须重新开始整个下载过程。这一特性在下载大型文件、视频时尤其有用，能大幅提高下载的效率和成功率。用户可以通过简单的界面管理下载任务，调整下载的优先级和设置，以适应不同的网络环境和用户需求。通过使用多线程断点续传软件，教师和学生能够更快、更可靠地获取所需的教学资源。

（四）基于FTP进行文件传输

文件传输协议（file transfer protocol, FTP）是一种用于网络文件传输的标准协议，广泛应用于学术资源、教材等的下载。通过FTP，用户可以从远程服务器下载文件，也可以上传文件到服务器。在获取地理教学资源时，很多专业的教育网站、科研机构或云平台会提供FTP服务器访问权限，供用户下载所需的资源。

使用FTP获取地理教学资源的步骤如下。

（1）获取FTP服务器信息。获取目标网站或平台的FTP服务器地址、用户名和密码。这些信息通常在教育平台或资源下载页面提供。

（2）使用FTP客户端。安装FTP客户端，配置FTP服务器地址和用户认证信息。

（3）连接到目标服务器。启动 FTP 客户端并输入服务器信息，连接到目标 FTP 服务器。

（4）浏览文件。连接成功后，可以浏览 FTP 服务器上的文件目录，找到所需的地理教学资源。

（5）下载资源。选择需要下载的文件，文件将会传输到本地计算机。

不同的资源获取方法适用于不同类型的地理教学资源。在选择具体的下载方法时，应根据资源的类型、大小以及个人的技术水平进行选择。网页另存适合小型资源的下载，离线浏览器适合下载整个网站或教育平台的资源，多线程断点续传下载适合大文件或多个文件的批量下载，而基于 FTP 的文件传输则适用于专业性较强、资源较大且需要高效传输的教学资源的下载。

三、网络环境下地理教学资源的应用

在地理教学中应用网络教学资源，可以优化教学过程，提高教学效果。在具体应用时应注意以下几个问题。

（一）使用网络教学资源要有明确的目的

使用网络教学资源要有明确的目的，这是有效利用教学资源的基础。教师需要明确为什么、何时以及如何使用特定的教学资源来达到预定的教学目标。这意味着在选择和应用教学资源时，教师需要考虑这些资源如何帮助学生更好地理解课程内容、提升学习兴趣和动机、发展特定技能或达到预期的教学效果。目的明确既有助于教师有针对性地挑选和整合教学资源，优化教学策略，实现教学目标的有效传达，也有助于高效应用教学资源，避免资源的随意或盲目使用，确保教学活动的质量和效果。

（二）把握应用网络教学资源的时机和"度"

把握应用网络教学资源的时机和"度"是优化教学效果的关键。"时机"指的是选择合适的机会引入网络教学资源，以促进学生的理解。例如，在解释复杂概念时，可以应用动画来辅助讲解。"度"则关乎网络教学资源的使用量和频率，过多或不当的使用会导致学生分心，影响学习深度和质量。因此，教师需要综合考虑课程内容、学生特点、学习环境等因素，精心设计网络教学资源的应用策略，在实践中不断调整和优化，确保网络教学资源能够有效地服务于教学目标，以提升学生的学习体验和效果，而不是成为教学的累赘或干扰。这样，网络教学资源才能真正发挥其潜力，推动教学创新和学生发展。

（三）网络教学资源的选择要遵循低成本、高效能的原则

在选择网络教学资源时，成本与效能是两个需要重点考虑的因素。首先，网络教学资源的选择应尽量遵循低成本的原则。由于许多网络教学资源需要付费，教师在选择资源时需要评估价格与教学效果之间的关系，避免为了高成本的资源投入过多的财力，而忽略了低成本甚至免费的优质资源。其次，网络教学资源的效能也需要重点考虑。效能高的资源应具备明确的教学目标，能够帮助学生更好地理解地理知识，激发学生的学习兴趣，并具有较强的互动性。利用低成本、高效能的资源可以在有限的资金预算内获得最大的教学效果，不仅能减轻学校的经济负担，还能提高课堂教学质量，促进教学内容的丰富化与多样化，使学生的学习更具实用性和深度。

（四）要充分利用网络教学资源的特点，扬长避短，互为补充

不同类型的网络教学资源都有其独特的优势和局限性。通过综合运用多种资源，可以发挥各自的长处，补齐短板，实现教学效果的最优化。例如，动画模拟可以使抽象概念变得直观易懂，但它呈现时间太短，学

生的认知过程难以展开，如果将它与图形、图像资源相结合，则既能表现活动的画面，又能表现静止放大的图像，教学效果会更好。教师应根据教学内容和学生特点，灵活选择和组合网络教学资源，以更好地实现教学目标。在实践中，教师需要不断评估和调整资源的使用，以应对学生需求和教学环境的变化。通过精心设计和有目的的组合，网络教学资源可以实现"1+1>2"的效果，推动学生的深层次学习，提高教学质量和效果。

（五）网络教学资源要与传统教学资源有机结合

虽然网络教学资源能为学生提供丰富、灵活的学习体验，但传统教学资源，如教科书、实物模型等，依然有其不可替代的价值。它们为学生提供了实质性、直观的学习材料，有助于学生深化理解和增强记忆。在教学实践中，教师需要综合考虑各种教学资源的特性和优势，合理配置资源，以实现最佳的教学效果。例如，可以应用网络教学资源解释理论知识，应用传统教学资源确保教学的连贯性、系统性。这样的组合能确保学生在享受信息化带来的便利和效率的同时，获得实质性、深层次的学习体验，促进全面发展。

（六）运用网络教学资源前需要做好充分准备

运用网络教学资源前的充分准备是实现教学目标和提升学习体验的基础。教师需要先评估所选资源的适用性、可靠性和效果，确定它们能满足特定教学需求，提升学生的学习水平。同时，技术准备也至关重要，包括检查设备的功能、网络的稳定性以及资源的可访问性，确保教学过程顺畅无阻。教师还需要熟悉所选资源的操作和应用方法，以便在教学中灵活运用，有效传达教学内容。通过充分的前期准备，可以预防技术和操作问题，保证网络教学资源得以有效利用，从而提升教学质量和学生满意度。

第三节 地理网络课程的设计与开发

一、地理网络课程概述

（一）地理网络课程的概念

随着网络在教学中的应用越来越普遍，地理网络课程的建设已成为地理课程建设的一项重要内容。地理网络课程指通过网络表现的地理学科教学内容及实施的教学活动的总和。该定义指出了地理网络课程的两个重要组成部分：地理教学内容和地理网络教学支持环境。地理教学内容主要包括课程导论和课程主体；地理网络教学支持环境则指支持地理网络教学的教学资源、网络教学平台以及在网络教学平台上实施的教学活动。

从本质上来讲，地理网络课程没有脱离地理课程的范畴，其目的仍旧是达到一定的培养目标，只是教育技术的运用使得其传播方式发生了变化，同时促进了教学理念、教学方法的改变，所以地理网络课程具有不同于传统地理课程的特征，如开放性、交互性、共享性等。

（二）地理网络课程的类型

1. 以教为主体的地理网络课程

（1）以教为主体的地理网络课程的组成。以教为主体的地理网络课程主要以教师为核心，强调教师通过网络平台将知识传授给学生。该类型课程的结构通常简单明了，主要由以下三个部分构成。①课程名称。课程名称通常位于网络平台页面的最上方，用于明确标识课程的内容和主题，以及该课程涉及的知识领域和学习目标。②流式媒体。流式媒体是以教为主体的地理网络课程的核心组成部分。流式媒体可以是视频或音频格式，主要用于教师讲解知识点。视频材料通常结合音频和视觉元素，能通过教师的口头讲解和画面演示帮助学生理解教学内容。学生可以根据自身需求选择观看视频或听音频。③文字叙述。文字叙述部分通常位于页面的下方或右侧，通过对视频或音频讲解的内容进行补充说明，帮助学生更清晰地理解知识点。文字叙述的作用是加深学生对课堂内容的理解，确保学生不会遗漏重要的信息，同时为学生提供可以随时回顾的文字资料。

（2）以教为主体的地理网络课程的特点。以教为主体的地理网络课程具有以下几个特点。①内容明确。该类型课程的内容通常是由教师围绕某一具体的知识点或教学单元进行详细讲解。课程结构清晰，教学目标明确，教学内容基本按照固定的教学大纲或教材展开，学习重点也由教师事先确定。②以教师为主体。在以教为主体的地理网络课程中，教师是核心，是教学活动的主导者。学生主要依赖教师提供的知识进行学习，课程内容和学习进度几乎由教师掌控。教师依靠讲解、示范和阐述推动课程进展，学生则更多处于被动学习的状态。③学生缺乏个性化学习和自主学习空间。课程的学习进度和深度通常由教师决定，学生很难根据个人兴趣或需要进行自主调整。课程缺乏个性化的学习路径，学生在学习过程中难以与教师或其他同学进行深入的互动与交流，限制了学生在课程中的参与感和主动性。

2. 以学为主体的地理网络课程

（1）以学为主体的网络课程的组成。以学为主体的地理网络课程是一种以学生自主学习为主的课程。该类型课程为学生提供了大量的学习资源，允许学生根据自身需求自由选择学习内容。该类型课程通常由以下五个部分组成。①理论学习部分。该部分是课程的核心，主要提供学生所需的基本理论知识，通常以章、节和学习目标的形式呈现，帮助学生理解和掌握地理学科的基本概念和框架。②资源学习部分。该部分包括大量的拓展性学习资源，通常以资源库的形式呈现。这些资源可以是与课程主题相关的文献、视频、图表、数据集等，旨在帮助学生扩大知识面，并深入理解某些复杂的地理现象和问题。学生可以根据自己的兴趣和需求选择相应的资源进行进一步学习和研究。③学习导航部分。该部分包括路径指引和学习内容定位两方面的内容，目的是使学生能够根据个人的学习节奏和兴趣自主地探索和选择学习内容。④案例分析部分。该部分对学生的自主学习非常关键。通过提供具体的地理案例（如城市规划、环境变化、气候变化等实际案例），学生可以更深入地理解和应用理论知识。案例分析不仅能帮助学生加深对知识的理解，还能培养学生的批判性思维和问题解决能力。⑤检测评价部分。该部分通常包括形成性测试和总结性测试两种形式。形成性测试帮助学生在学习过程中及时检查自己的理解程度，并根据测试结果调整学习策略；总结性测试则用于课程结束时的全面评估，用来检验学生的整体学习成果。通过测试，学生可以清晰地了解自己在哪些方面取得了进展，在哪些方面需要进一步改进。

（2）以学为主体的地理网络课程的特点。以学为主体的地理网络课程具有与以教为主体的地理网络课程不同的特点，主要体现在以下几个方面。①丰富的学习资源。该类型课程提供了大量的学习资源，涵盖书本知识、拓展阅读材料、视频讲解、研究报告、地理数据集等，学生能够在课堂内容之外深入探讨和学习更多的地理知识。②以学生为主体。与以教为主体的地理网络课程不同，在以学为主体的地理网络课程中，学生是自己学习过程的主导者，可以根据自己的学习需求和进度安排，决定何时学习、学习什么内容以及如何学习，充分发挥自主学习的优势。③非实时的教师与学生交流。教师和学生的互动通常不是实时的，更多依赖留言、论坛讨论和作业反馈等方式进行。学生可以将问题或困惑通过留言的方式提出来，教师则不定期进行回复。这种方式为学生提供了更多的时间来思考问题，并能根据教师的反馈调整自己的学习策略。虽然这种交流方式缺乏即时性，但它更有利于培养学生的独立思考能力和自我反思能力。

二、地理网络课程设计与开发的原则

（一）课程内容价值性原则

价值性是课程设计与开发应遵循的基础性原则，因为只有具有价值并能够充分发挥价值的课程才是成功的课程。因此，在设计与开发地理网络课程时，首先要遵循课程内容价值性原则。具体而言，主要体现在以下三个方面。

1. 教学内容选择

在地理网络课程的设计与开发中，教学内容的选择应聚焦于基础性知识。基础性知识是学生理解地理学科的核心，是他们必须掌握的知识，如地球的构造、大气与水循环等基本概念。这些内容为学生提供了一个坚实的知识框架。在此基础上，课程可以进一步引入拓展性内容，如环境问题、城市化进程等，帮助学生拓宽知识面，培养创新思维。拓展性内容能够激发学生的好奇心，促进他们在基础性知识的基础上进一步探索和思考。

2. 教学内容组织

地理网络课程应遵循循序渐进的方式组织教学内容，这样能帮助学生从基础概念入手逐步掌握复杂的地理现象。例如，从地理位置、地球形态等基础内容讲起，逐步过渡到复杂的环境、气候变化等议题。在此过程中，教师还要为学生提供一定的自主选择空间，允许他们根据自身的兴趣和需要自由选择学习的深度和广度，以满足不同学生的个性化需求。

3. 教学内容表现

在地理网络课程中，教学内容的表现形式应多样化，结合文本、图表、音频、视频等多种形式。这样不仅能有效地吸引学生的注意力，提升他们的学习兴趣，还能帮助学生通过不同方式获取知识。视频可以帮助学生更直观地理解地理现象，音频和图表则有助于强化他们对细节的记忆。教学内容表现形式的多样化能够增强学习的互动性和体验感，提升课程的效果。

（二）课程交互性原则

根据交互的延迟性，可以将交互分为即时交互和非即时交互两种，它们具有不同的优缺点，并适用于不同的教学场景。

即时交互指学生在学习过程中可以即时与教师或同学进行互动，如在线讨论、即时反馈等。这种交互方式有助于增强学生的参与感，促进思维的碰撞。例如，在学习地理技能类内容（如地图的使用、地形图的解读等）时，即时交互可以使学生实时获得教师的指导，从而迅速解决疑问，提高学习效率。然而，它也有一定的缺点，如会影响课堂的流畅性和连续性，若讨论过于频繁，可能打断知识传授的过程。

非即时交互则指学生在学习过程中遇到问题时并不立刻提问，而是推迟到课程结束后再进行的交互。比如，学生可以通过在线平台提交问题或进行讨论，教师在课程结束后给予反馈。这种方式有助于学生在问题讨论前有更多的时间进行思考，从而促进更深层次的思考。在地理课程中，对于认知类内容（如地理原理、自然现象的解释等），非即时交互能够为学生提供更多的思考空间，有助于学生形成独立的认知和判断。它的缺点在于讨论的热情可能因为时间的推移而减弱，导致问题讨论不够深入，互动的质量也会受到一定的影响。

在地理网络课程的设计中，选择交互方式应根据具体的教学内容来决定。例如，学习地理概念和原理时，非即时交互更合适；而对于操作性强的技能类教学内容，即时交互会更有效。教师应根据不同的教学内容、学生的学习需求和课堂的实际情况灵活选择交互方式，以增强课堂的互动性，从而提升学生的学习体验和教学效果。

（三）课程实践性原则

实践性强调知识的实际应用，旨在提升学生的实际应用能力。

首先，教学内容需要具备较强的实践性，能够与实际生活紧密相连。地理学科本就与现实生活息息相关，地理现象的分析、地图的运用、地理信息系统的操作等都具有很强的实践性。因此，在课程的设计与开发中，应通过具体的地理问题引导学生进行学习。例如，在学习气候的内容时，可以创设一个气候变化的情境，引导学生分析气候变化对当地生态、农业及经济的影响，并鼓励学生自主进行资料的收集、分析和预测。

其次，地理网络课程可以围绕实际问题展开，以问题情境为起点，激发学生的好奇心和探究欲。例如，在教授"自然灾害"时，可以模拟一个情境，要求学生分析模拟地区可能面临的自然灾害风险，并提出防灾减灾的策略。这种基于问题的学习方式不仅能帮助学生掌握地理学科的核心概念，还能培养他们解决实际问题的能力。

最后，地理网络课程可以通过案例分析、模拟练习等方式，锻炼学生的问题解决能力。例如，模拟一个地质灾害救援的场景，要求学生提出最好的应急措施并进行评估。这能够有效锻炼学生解决实际问题的思维和能力。

三、地理网络课程设计与开发的流程

在地理网络课程的设计与开发中，既要重视教师的主导作用，也要重视学生的主体作用，"教"与"学"缺一不可，这样才能最大限度地优化教学过程，提高教学效率。具体来说，地理网络课程的设计与开发流程如图 5-3 所示。

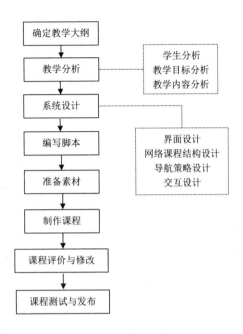

图5-3　地理网络课程设计与开发的流程

（一）确定教学大纲

　　教学大纲是地理网络课程设计与开发的重要依据。首先，教学大纲明确了地理课程的教学目标，包括学生在完成该课程后应达到的知识、技能和能力标准，能够有效指导地理网络课程内容的选择和教学方法的设计。其次，教学大纲列出了课程的主要模块和主题，明确了各部分的教学顺序，使课程知识的传递符合学生的认知规律。最后，教学大纲规定了学习效果的评估方式，如作业、测试或项目任务，帮助教师评估学生的学习成果。

（二）教学分析

1.学生分析

针对学生的分析，可以从以下几个方面展开：他们是否掌握了课程学习需要的先决知识？他们具有怎样的学习风格？他们期望学到什么样的知识或技能？他们对网络课程的认知程度如何？

2.教学目标分析

依据教学大纲，按照每一章、每一节、每一课分析教学目标。在目标的细化上，可以参考加涅的学习目标分类模型，将教学目标分为语言信息、智力技能、认知策略、动作技能、学习态度等几个方面。

3.教学内容分析

教学内容分析是课程设计与开发的核心，旨在确保课程内容与教学目标紧密对接。首先，教师需要根据教学大纲和学生需求，选择合适的知识点，并进行合理的组织与结构安排，确保内容的逻辑性和系统性。其次，教学内容要充分考虑学生的学习基础，从易到难逐步推进，避免过于抽象或复杂的知识点一开始就出现。最后，教学内容应尽量贴近实际，增强学生的兴趣和参与感，且要语言讲述与实际案例相结合，以增强课程的实践性和应用性。

（三）系统设计

1.界面设计

界面设计包括图标设计、菜单设计、窗口设计、按钮设计、反应区设计等。为了便于学生操作，并有效呈现教学内容，界面设计需要做到以下几点。首先，界面要美观大方，色彩搭配要协调，整体布局需要清晰合理，以增强学生的视觉舒适度。其次，所有页面的设计风格应保持统一，避免因风格差异导致学生的记忆负担增加或操作上的混乱。最后，标题设计应醒目且具有指引性，帮助学生快速定位相关课程内容，特别是在信息量较大的情况下，能让学生迅速找到他们所需要的学习模块。

2.地理网络课程结构设计

一方面，地理网络课程的文件结构设计应依据课程的章节、网页、媒体类型和组件等因素合理组织，采用分层次的目录结构。每个子目录中的文件数量应控制在适当范围内，避免一个目录包含过多内容，造成信息过载。另一方面，为了帮助学生快速定位学习内容，应建立清晰的目录索引表，列出各个教学单元、教学活动、学习方法、学习时间和学习进度等信息，让学生能够清晰地了解课程的整体框架及其各个部分。

3.导航设计

导航设计的核心目的是帮助学生在拥有庞大信息量的课程中快速找到所需内容，实现高效学习。因此，导航设计需要简单、明确且符合学生的认知习惯。常见的导航策略包括直接导航、历史记录导航和线索导航。直接导航通过超链接实现页面之间的快速跳转，学生可以通过直接点击链接访问特定的学习内容，从而大大减少寻找信息的时间。历史记录导航允许学生通过记录他们之前浏览的页面，快速返回到之前查看的内容，避免重复操作。线索导航则能够记录学生的浏览路径，学生可以根据此路径返回到上一步，方便在学习过程中进行跳转和复习。

4.交互设计

网络学习环境缺乏传统课堂中的面对面交流，但良好的交互设计可以有效弥补这一不足，提升学习效果。交互设计主要分为两类：人机交互和人际交互。

人机交互是指学生与计算机之间的互动，通常表现为菜单交互、信息反馈、内容呈现方式交互和搜索界面交互等。例如，菜单交互能使学生快速找到所需的内容；信息反馈能够及时提供系统操作的响应，帮助学生明确操作结果；内容呈现方式交互指教学内容的展示形式，如图文并茂、音视频同步等，能够帮助学生更好地理解和吸收知识；搜索界面交互能方便学生快速定位课程内容或具体问题，提升学习效率。人际交互包括学生与教师的交互以及学生之间的交互。学生与教师之间的交互可以通过论坛、留言板或视频会议等方式进行，促进学术交流。学生之间的交互，尤其是在小组讨论和合作任务中，具有重要作用，能够促进知识的共享和思维的碰撞。

（四）编写脚本

脚本的主要作用是指导课程制作人员根据既定的教学目标和教学内容，制作合适的地理网络课程。脚本的编写需要确保目标明确、逻辑清晰，以保证课程内容的有效性和连贯性。

制作脚本侧重于实际的课程制作过程，通常通过填写脚本卡片的形式进行，主要涉及以下几个方面的内容：①明确教学目标，包括各单元的教学目标；②依据教学目标选择教学内容；③选择适当的媒体和教学方法；④注意学习理论的应用；⑤规范脚本格式的使用；⑥确保计算机的性能能够满足脚本制作的需求。

表5-1列出了一个脚本范本。

表5-1　脚本范本

资源名称		年级		学科	
知识点路径					
脚本教师	姓名		学校		
	电话		邮箱		
场景序号	场景一		场景二		
	场景三		场景四		

续表

特别说明	此处写明网络课程整体风格及特殊要求			
场景序号	场景描述	功能按钮跳转	参照素材	备注
场景一				
场景二				
场景三				
场景四				

（五）准备素材

准备素材的目的是通过多种形式的教学资源丰富课程内容，增强学习的吸引力与互动性。所用的素材包括文本、图像、音频、视频等，这些都能帮助学生更好地理解地理知识。例如，通过地图、卫星图像等可视化材料，学生可以更直观地理解地理概念。素材的准备需要考虑到质量和相关性，即所选素材要准确、清晰并与课程内容紧密相关。素材的准备还需要考虑到学生的需求和兴趣，设计符合其学习风格的多样化内容，以增强学生的参与感和学习效果。

（六）制作课程

制作课程是将所有设计内容转化为实际可操作的教学材料的过程。在这一阶段，课程开发人员需要根据前期的教学大纲、脚本及素材，制作具体的教学流程，包括录制视频讲解、设计交互式任务、创建在线测验等。

（七）课程评价与修改

课程评价与修改是确保课程质量的重要环节。通过对课程效果的不断反馈与评估，课程开发人员可以对课程内容、教学设计、界面设计、技术能力等方面进行优化和改进。地理网络课程的评价标准如表 5-2 所示。

表5-2　地理网络课程的评价标准

一级指标	二级指标	描述
课程内容	课程说明	说明整个课程的目标、课程所属的领域范围、所针对的学生群体、典型学习时间以及有关的教学建议等
	内容目标一致性	课程内容与课程学习目标相一致
	科学性	课程内容科学严谨，且能反映该领域的最新进展
	内容分块	按主题把内容逐级划分为合适的学习单元或模块，每个单元或模块主题明确，每个段落意思集中
	内容编排	针对学生的心理特征，按照各主题之间的逻辑关系合理地编排课程内容
	内容链接	针对共同涉及的核心知识点建立页面间的链接，互相链接的资源在意义上密切相关
	资源拓展	提供与课程内容相关的、有学习价值的外部资源链接
教学设计	学习目标	各学习单元都有明确、具体的学习目标
	目标层次	各主要单元的学习目标中包含应用、分析、综合、评价等高层次的要求
	学生控制	在学习过程中，学生能按照自己的需要对学习环境进行定制，自主决定学习进程，选择和组织学习内容
	内容交互性	课程提供充分的交互机会，引发学生对学习内容的积极投入和思考
	交流与协作	结合主要课程内容设计需要学生讨论或协作解决的问题及相应的要求，交流与协作可以借助教学平台所提供的交流功能来实现
	动机兴趣	采用适当策略吸引学生的注意力，激发和维持学生对课程的学习动机和兴趣
	知识引入	采用适当的策略激活学生原有的相关知识经验，在此基础上引出新知识

续表

一级指标	二级指标	描述
教学设计	媒体选用	适当运用文本、图表、图像、音频、视频、动画等形式来表现课程内容
	实例与演示	针对主要课程内容提供有关的实例和演示，在需要时提供多种变式，以促进学生对知识的理解
	学习帮助	在整个学习过程中，学生能获得适应性的学习指导和帮助
	练习	课程提供不同层次的练习，让学生有机会应用新习得的知识与技能
	练习反馈	学生的练习能得到有意义的反馈
	追踪评价	追踪并记录学习过程，包括各单元的学习情况和掌握程度，形成学生可以随时查看的报表
	结果评价	给学生提供关于各单元和整门课程的、具有高信度和效度的测验
界面设计	风格统一	课程在格式、风格、语言上具有内在一致性，避免给学生造成不必要的认知负担
	屏幕布局	屏幕设计简洁美观，文本、图形等可视元素搭配协调合理
	易识别性	文字、图形等大小合适，颜色对比适当
	导航与定向	学生无须特殊帮助就可轻松操作导航路径，自如地访问课程的各个模块，并能确认自己当前的位置
	链接标识	链接明显易辨，有明确的标签，学生在打开链接前能知道所指向的主题内容
	电子书签	能标记学生学习到的位置，当学生再次登录时能自动定位到上次结束时的位置，并允许学生对特定内容做标记
	内容检索	能通过关键词检索到以各种媒体形式表现的有关内容
	操作响应	对学生的操作做出反馈，有视觉效果变化或听觉提示等表明操作已经生效
	操作帮助	针对课程的操作使用方法提供明确、完整的指导说明

续表

一级指标	二级指标	描述
技术能力	运行环境说明	向用户完整、具体地说明课程运行所需的基本硬件要求、网络配置及软件名称和版本
	安装	课程无须安装，且无须专门技术的帮助
	可靠运行	课程能正常、可靠运行：能可靠地启动和退出，各功能能按钮能正常工作，没有链接中断或错误，没有明显的技术故障
	卸载	学生可以按照屏幕提示或使用标准操作系统的控制面板中的"添加／删除程序"来卸载课程，无须专门技术的帮助
	多媒体技术	课程所采用的媒体格式符合有关技术标准，适合网络传输要求
	兼容性	课程能够适应不同的学习管理系统，符合关于网络课程的互操作性规范

（八）课程测试与发布

在对地理网络课程进行评价和初步修改之后，还需要对课程进行测试，即对其进行实际应用，以进一步发现其不足，然后进行修改和完善，直到达到一个比较理想的效果。

发布就是将最后完善的地理网络课程上传到网络平台上，实现网络课程的共享，使每一个学生都可以在网络平台上观看和学习。

第四节　慕课在地理教学中的应用

一、慕课的概念与特征

（一）慕课的概念

慕课，即"大规模开放在线课程"（massive open online course, MOOC），它是一种新型的教育模式，突破了传统课堂教学在空间和时间上的限制，使得学习可以在任何时间、任何地点进行；它摒弃了以教师为中心的传统教学模式，鼓励学生自主学习，同时为教师与学生之间的交流提供了更多的可能性。慕课以网络技术为依托，将教学资源开放给全世界的学习者，每个学习者都可以根据自己的学习进度和需要自主选择学习内容，同时可以通过网络与他人交流学习经验，共享学习资源。慕课既可以作为学校教育的补充，也可以作为终身教育的资源库，是当前教育改革的重要方向之一。

（二）慕课的特征

慕课的特征如图 5-4 所示。

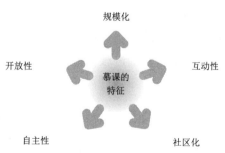

图 5-4　慕课的特征

1. 开放性

首先，慕课开放了教育资源的获取渠道，使得更多的人，无论何时，无论身处何地都有机会接触到优质的学习资源。其次，慕课开放了教育参与机会，所有愿意学习的人都可以注册，慕课将知识的积累和传播从封闭的教室开放到了网络世界。最后，慕课开放了学习者对教学进程的管理权限，学习者可以自由决定学习节奏和进度，根据自己的需求和能力制定个性化的学习路径。这种开放的学习环境鼓励学习者更主动地参与学习，发挥他们的主观能动性，真正做到因材施教，让每一个学习者都能够在这个开放的学习环境中找到适合自己的学习方式。

2. 规模化

传统的面对面教学受空间和时间的限制，每次只能面向有限的学生进行授课。而慕课打破了这一限制，允许成千上万的学生同时在线学习同一门课程。通过慕课，教师可以将精心设计和录制的教学内容向全世界的学习者传播，实现了真正的规模化教学。这种规模化的教学方式，不仅可以提高教育资源的利用效率，还可以为更多的学习者提供优质的学习机会。同时，规模化还改变了教育的质量评估方式。在传统教学中，教学质量的评估往往取决于教师的专业水平和教学经验；而在慕课中，教学质量的评估更多地依赖于课程设计和教学资源的质量，这为提高教育质量提供了全新的可能性。规模化还带来了海量的学习数据。通过大数据技术对这些数据进行挖掘和分析，可以研究学习者的学习行为和学习效果，为个性化教学和教学改革提供有力的数据支持。因此，规模化不仅是慕课的一大特点，也是其促进教育革新的重要驱动力。

3. 互动性

在慕课教学中，教师与学生、学生之间的互动都得以大幅度提升，进而拓展了学习的深度和广度。其一，通过在线论坛、实时聊天等工具，教师可以直接与学生交流，解答疑惑，这大大提高了教学效果，同时可以让教师更好地了解学生的学习情况。其二，慕课提供的各类协作工具使得学生间的互动成为可能，他们可以在平台上共享学习资源、讨论学术问题，乃至合作完成项目，从而培养团队合作能力，并在交流中获得新的启发和认识。同时，系统的自动化反馈机制，如在线测验和作业批改，也可以为学生提供即时反馈，帮助他们了解自己的学习进度和存在的问题。这种互动性不仅增强了学习的趣味性，更重要的是，它帮助构建了一个开放、丰富的学习环境，使得学习不再是孤独的，而是在与他人的互动中不断发展和深化的。

4. 社区化

在传统的课堂教学中，学生之间的互动通常局限在一个有限的范围，但在慕课中，来自世界各地的学生可以聚集在同一门课程上，他们通过网络技术在空间上无限接近，从而形成一个巨大的、具有共享目标的学习社区。这个社区让每一个参与者都能享受到与全球其他学生交流学习心得、分享经验、解决问题、合作完成任务的乐趣，同时能充分调动学生的学习积极性，促进深度学习的发生。在这个开放的社区中，学生既可以自主地选择感兴趣的主题进行深入研究，也可以主动发起讨论，吸引其他学生参与。在这个过程中，他们不仅可以从他人的观点和经验中获得新的知识和灵感，还可以在与他人的互动中提高自己的沟通能力和团队合作能力。

5. 自主性

自主性赋予学习者在学习过程中的主导权，使得他们可以根据自身的学习节奏、兴趣以及已有的知识水平制订个性化的学习计划。慕课的自主性表现在学习时间、学习节奏、学习路径等多个方面。

首先，在慕课模式下，学习者可以根据自身的学习需求安排学习时间，这意味着他们可以在任何时间、任何地点进行学习，消除了地域和时间的限制。其次，学习者可以根据自身的学习速度和掌握程度来调整学习节奏，重复观看难以理解的部分，或者跳过已经掌握的内容，从而提高学习效率。最后，学习者可以根据自身的学习需求和兴趣选择自己的学习路径。他们既可以自由选择课程，深入研究感兴趣的主题，也可以根据自身的知识结构决定学习的内容和顺序，形成个性化的学习路径。

自主性的学习方式充分尊重学习者的主体性，使得学习更为高效和有趣，提升了学习者的学习动机和学习兴趣。同时，自主性的学习方式还有助于培养学习者的自主学习能力和创新能力，更符合现代社会对个体多元化和个性化发展的要求。

二、慕课在地理教学中的应用策略

（一）教师方面

在慕课模式下，教师的角色发生了深刻改变。教师不再是传统意义上的知识传授者，而是学生学习的引导者、支持者和评估者。在地理慕课教学中，教师的作用贯穿于课前、课中和课后三个阶段，具体表现在以下几个方面。

1. 课前：教学准备与学习资源的组织

首先，教师应根据课程内容和教学目标，制作或选取高质量的教学资源，以激发学生的学习兴趣，并为课堂活动做充分准备。

其次，教师应为学生提供学习指导，明确学习要求和学习目标，帮助学生理解课程结构，指导学生利用慕课平台进行自主学习。

最后，教师应通过提供学习路径和学习建议，引导学生合理安排学习进度，保证每个学生都能按时完成课前学习任务。

2. 课中：知识深化与互动引导

在慕课模式下，教师可以在教学过程中通过多种方式充分利用网络资源，提高课堂教学的效果和学生的参与感。

第一，教师应收集学生在课前预习阶段通过慕课自主学习的测试结果，以此为依据分析学生对教学内容的掌握情况。这样，教师可以准确了解学生对哪些知识点掌握得好，对哪些知识点的理解还存在困难。根据学生的学习进度和理解情况，教师可以在课堂上对教学的重难点进行详细讲解。通过这种具有针对性的讲解，教师能够帮助学生构建新的知识体系，从而加深学生对地理知识的理解，形成更为完善的认知结构。

第二，在课堂开始时，教师可以结合慕课平台提供的互动测试和视频内容，针对教学的重难点进行详细讲解。比如，在讲解"地球的运动"这一抽象且与学生日常生活联系不紧密的知识点时，教师可以通过播放慕课平台中的相关教学视频，形象生动地展示地球的自转、公转等现象，从而帮助学生更好地理解这些复杂的地理概念，同时可以使抽象的知识变得更加具象、直观。

第三，教师应在学生观看视频或学习相关内容后，适时安排课堂活动，如小组讨论、提问等。这些活动不仅能加深学生对学习内容的理解，还能促进学生之间的互动与合作。在课堂活动中，教师要通过指导和协助，帮助学生解答困惑，激发学生的思维，使他们更深入地探讨知识点。在设置教学情境时，教师应根据学生的认知能力，将知识点中的难点分解为较小的、易理解的问题，逐步引导学生解决，帮助学生通过实际操作将理论知识转化为具体的应用能力。例如，在讲解"气候的影响因素"时，教师可以设置一些情境，要求学生通过小组合作，结合慕课中的学习内容分析不同地区的气候特征，并推测其可能的气候变化原因。通过小组讨论，学生能够相互交流，分享各自的观点，促进思维的碰撞和认知的提升。

第四，在课堂教学结束时，教师要进行总结归纳，再次强调本节课的重难点。在总结时，教师可以结合慕课资源进行回顾，并通过灵活的教学方法，如思维导图、课堂小结等，帮助学生全面理解本节课的内容。通过归纳总结，教师不仅可以帮助学生梳理知识点，还可以加深学生对难点的记忆和理解，提高学生对知识的掌握程度。

3. 课后：评估与个性化辅导

课后，教师可以利用慕课资源对学生进行评估与个性化辅导，从而进一步巩固学生的学习成果，提升学习效果。

首先，教师可以通过慕课平台提供的在线测试、作业或互动题目对学生的学习情况进行实时评估。慕课平台通常具备自动评分和反馈功能，教师可以通过查看学生的答题结果，准确了解每个学生对知识点的掌握情况。针对学生在测试中出现的错误或困难，教师可以有针对性地分析，识别学生的薄弱环节。例如，如果某个学生在某个地理知识上频繁出错，教师就可以通过慕课平台为其提供具有针对性的学习资源或练习，帮助其弥补知识漏洞。

其次，根据评估结果，教师可以为不同学生提供个性化的辅导。慕课的优势在于其资源的灵活性和多样性，教师可以根据学生的学习进度和具体需求，提供定制化的学习内容。例如，教师可以为学习有困难的学生推荐相关的解题技巧；对于学习进度较快的学生，教师可以为其提供更具挑战性的学习任务或拓展材料。这种个性化辅导能够确保每个学生都能按照自己的节奏进行有效学习，从而提高他们的学习兴趣和参与度。

最后，教师可以通过慕课平台的讨论区、留言板等与学生进行课后交流。通过在线答疑，教师能够及时解答学生在自主学习过程中的疑问，进一步指导学生深化理解。

（二）学生方面

慕课的丰富资源和灵活性为学生提供了多种学习方式和途径，使其能够根据自己的需求和学习进度进行学习。下面从学生的角度分析如何利用慕课资源。

1. 自主学习与知识预习

学生可以利用慕课平台中的视频、课程材料、学习资源等进行自主学习，尤其是在课前进行预习。通过观看视频讲解和听取专家的详细分析，学生可以对即将学习的地理知识点有所了解，为课堂学习奠定基础。例如，在学习地理知识之前，学生可以提前了解相关的气候模型、地球的运动等抽象的地理概念，为课堂学习做好准备。自主学习有助于学生提前掌握新知识，从而提高学习效率。

2. 巩固与复习

课后，学生可以通过回放功能重新观看课程内容，进行巩固复习。通过重复观看课堂内容，学生可以加深对知识的理解，特别是对一些难度较大的地理知识点，如气候变化、地形特征等，学生可以反复观看相关视频，直到完全掌握。慕课平台通常还配备多种测试和练习题，学生可以通过完成这些活动检验自己对知识的掌握情况，及时发现薄弱环节并加以改进。

3. 互动与讨论

学生在使用慕课资源时，可以通过平台提供的互动功能与同学、教师进行讨论交流。慕课平台通常具备在线讨论、留言等功能，学生可以在平台上提出问题，与他人分享自己的见解，或者寻求教师的帮助。例如，在讨论某一地理问题时，学生可以通过留言板与同学探讨某一地理现象或模型，帮助彼此加深理解。此外，学生还可以通过小组讨论、在线答疑等互动形式，拓展学习的深度和广度。

4. 个性化学习

慕课资源的多样性使得学生能够根据自己的兴趣和需求进行个性化学习。学生可以按照自己的学习节奏选择适合的学习资源，而不仅仅是按照教材顺序进行学习。慕课平台通常提供不同难度层次的课程内容和拓展资源，学生可以选择适合自己的学习任务，深入研究某个特定的地理领域，或是挑战更高难度的知识点。此外，学生还可以根据自己的时间安排，灵活调整学习计划，从而更好地实现个性化学习。

三、慕课在地理教学中应用与推广的对策

慕课在地理教学中应用与推广的对策主要有以下几点，如图 5-5 所示。

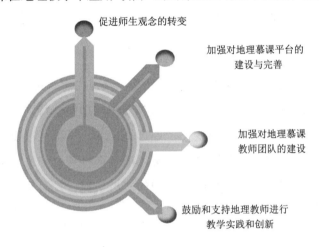

图 5-5　慕课在地理教学中应用与推广的对策

（一）促进师生观念的转变

随着慕课得到广泛应用，教学方式发生了深刻变化，教师和学生教与学的观念需要与时俱进，以适应新的教育模式。

一方面，面对慕课带来的教学变革，地理教师必须转变传统的教学观念，积极认识信息技术给教育带来的深远影响。为了适应慕课带来的变化，教师应加强对现代教育技术的学习和掌握，提升自身的信息技术素养。例如，教师应学习制作微视频、管理在线课程平台等，这些技能有助于提升课堂的互动性和学生的参与感。学校应该为教师提供相关的培训，帮助其掌握慕课资源的制作与管理技巧，使他们能够更好地将慕

课融入课堂教学。

另一方面，教师应通过课堂互动，帮助学生理解并逐步接受慕课这种学习模式。教师可以利用慕课平台提供的学习数据，发现学生在自主学习中遇到的困难，并及时提供帮助。教师还可以通过与学生的交流，向他们传达慕课学习的优势和重要性，帮助学生调整学习心态，摆脱过度依赖传统课堂的心理。通过鼓励学生自主学习和合作学习，教师能够更好地激发学生的学习兴趣，促进他们对慕课学习的积极参与。

（二）加强对地理慕课平台的建设与完善

由于地理慕课平台的缺乏，一些教师和学生无法充分享受慕课带来的教学与学习上的便利。因此，建设和完善地理慕课平台显得尤为重要。

第一，整合优质地理教学资源。随着信息技术的快速发展，教育资源越来越丰富，高质量的地理教学视频、互动课件、课本数字化内容等也越来越丰富。因此，在建设地理慕课平台时，必须打破地域限制，收集和整合各地优秀的教学资源。例如，平台可以与教育机构、出版社等单位合作，引入多样化的课程内容，并鼓励教师上传微课视频、教学案例等，不断丰富平台的内容库。

第二，增强平台的互动功能。慕课平台不仅是资源的集中展示平台，更是教师与学生互动的媒介。因此，在平台建设过程中，应注重增加互动功能，如设置在线讨论区、教师与学生实时问答、作业提交与反馈、学生学习进度追踪等。此外，平台应允许教师根据学生的学习情况，进行个性化辅导和答疑解惑；同时，学生可以在平台上发布问题，与其他同学共同探讨。

第三，优化平台的技术架构与用户体验。为了应对大量用户的同时访问，平台的技术架构需要具备高并发处理能力。同时，平台的界面设计应简洁直观，易于导航，使教师和学生能迅速找到所需的功能和资源。为了提升用户体验，平台还应考虑到多设备兼容性，支持手机、平板电脑等多种终端设备的访问。通过优化技术架构和用户界面，平台能为用户提供更加流畅和便捷的使用体验。

第四，加强地理慕课平台内容的持续更新与创新。随着时间的推移，新的研究成果、教学方法和技术手段层出不穷。因此，平台应设立专门的内容更新机制，定期进行课程内容的审查与更新，并鼓励教师和教育专家持续上传新的教学资源，确保平台的内容始终与时俱进。同时，平台应关注教育技术的创新，探索更具互动性和创新性的教学方法，如虚拟现实技术、地理信息系统等的应用，以增强教学的趣味性和实用性。

第五，加强对地理慕课平台的管理与监督。平台的管理者应定期对平台的运行状况、课程内容和教学质量进行评估，并根据学生和教师的反馈进行调整与优化。此外，平台应设立教学质量评估体系，依据学生的学习效果、课程参与度、资源的更新频率等，定期对平台内容进行审核，确保教学质量。

第六，加强地理慕课平台的推广与应用普及。地理慕课平台建设完成后，需要进行积极推广，可以通过组织教师培训、线上研讨会、课程示范等活动，让更多的地理教师了解并使用该平台。特别是要消除部分教师在转变传统教学方式方面的疑虑，帮助他们认识到慕课平台可以有效提升教学效果和激发学生学习兴趣。

（三）加强对地理慕课教师团队的建设

制作高质量的地理微课视频是一项繁重且对技术水平要求较高的工作，而地理教师的日常教学任务繁重，通常没有足够的时间和精力投入微课视频的制作中，这直接影响了视频的质量和教学效果。因此，学校可以根据地理教学的实际需求，培养一支专业化的地理慕课教师团队。这个团队应由具有地理学科背景、教育技术能力和多媒体制作技能的教师、教育专家和技术人员组成。教师团队的建设不仅能提高地理慕课的制作质量，还能减轻一线教师的工作负担，避免一线教师因无法完成高质量微课制作而产生挫败感。此外，学校应为地理教师提供系统的培训，帮助他们提升利用慕课平台进行教学的能力。培训内容应包括慕课平台的使用方法、微课视频制作技巧、教学设计与实施策略等，确保教师能够掌握必要的技术，灵活运用慕课资源丰富课堂教学。通过培养一支专业化的教师团队并加强对教师的培训，可以有效推动地理慕课教学的普及和应用，提高教育质量。

（四）鼓励和支持地理教师进行教学实践和创新

尽管慕课作为一种新型的教学模式在地理教学中具有巨大的潜力，但如何将其有效地融入日常教学、如何激发学生的学习兴趣以及如何优化教学效果仍然需要在实践中不断探索。因此，学校应鼓励地理教师开展教学实验和创新，探索慕课与传统教学的有机结合。比如，学校可以通过组织教学研讨会、课题研究、教师交流等，鼓励教师分享和总结教学经验，推动教师在实践中发现和解决问题。同时，学校应建立教学评估体系，根据学生的反馈、教学效果以及学习数据分析等，评估慕课的实施效果，并根据评估结果进行调整和改进。此外，学校还应设立奖励措施，鼓励教师进行地理慕课的教学实践与创新，激励他们积极尝试新的教学方法和技术手段，推动地理慕课的广泛应用。

第五节　网络直播课堂在地理教学中的应用

一、网络直播课堂的概念与特点

网络直播课堂是利用互联网技术，通过在线直播平台进行实时授课的一种新型教学方式。在这种方式下，教师通过摄像头、麦克风等设备将教学内容通过视频或音频实时传输给学生，学生则通过电脑、手机等终端设备进行在线观看和互动。网络直播课堂突破了传统课堂的时间和空间限制，使得学生可以在不同的地点、不同的时间参与学习，享受与传统面对面课堂相似的教学体验。与传统的录播视频相比，网络直播课堂的特点在于其实时性与互动性。教师和学生可以通过文字、语音、视频等方式进行即时互动，教师可以根据学生的反馈和提问灵活调整教学进度，及时解答疑惑。学生不仅可以直接参与提问、讨论，还能通过弹幕、聊天窗口等形式与教师和同学进行互动，增强了学习的参与感和体验感。

二、网络直播课堂在地理教学中的优势

网络直播课堂在地理教学中的优势主要体现在以下三方面，如图5-6所示。

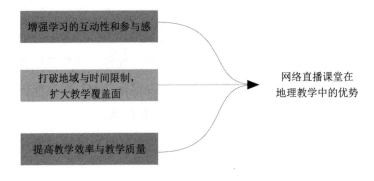

图5-6　网络直播课堂在地理教学中的优势

（一）增强学习的互动性和参与感

在网络直播课堂中，学生不再仅被动地接受知识，他们可以通过即时提问、讨论、反馈等方式直接与教师互动。例如，在讲解复杂的地理概念时，学生可以通过实时提问消除自己的疑惑，教师可以根据学生的

反馈调整教学进度及方式。此外，直播平台通常配备弹幕、投票、分组讨论等功能，学生之间能进行互动交流。这种双向沟通功能能够有效增强学习的互动性和参与感，从而深化学生对知识的理解。

（二）打破地域与时间限制，扩大教学覆盖面

网络直播课堂打破了地域与时间的限制，为地理教学提供了更加灵活的方式。传统地理教学的限制之一是学生必须在指定地点、时间上课，而网络直播课堂允许学生在任何有网络连接的地方进行学习。无论学生身处城市还是偏远地区，都能通过网络直播平台接受优质的教学，从而促进了教育公平。

（三）提高教学效率与教学质量

网络直播课堂能够提高教学效率与教学质量，同时优化教学内容的呈现方式。在地理教学中，教师可以通过共享屏幕、电子白板等展示复杂的地理图表、地图、动画等内容；教师还可以利用直播平台的多种工具，如在线测验、即时反馈、分组活动等，促进学生主动学习和掌握知识。此外，网络直播课堂还支持课堂录播和回放功能，学生可以随时回顾课堂内容，进行复习和巩固，从而提升学习效果。

三、网络直播课堂在地理教学中的应用策略

（一）学校方面

1.提供必要的技术支持和资源保障

学校应为网络直播课堂提供必要的技术支持，包括高质量的硬件设备和稳定的网络环境。地理教学涉及大量的地图、视频、数据分析等，需要学校提供高清摄像头、麦克风、投影仪等设备，确保网络直播课堂的图像与声音质量。学校也应保证校园网络的稳定，以避免课堂中出现

卡顿、断网等问题，影响学生的学习体验。学校还应为教师提供相关培训，使其能够熟练掌握直播平台的使用技巧，确保课程顺利开展。

2. 制定合理的课程安排

为了保证网络直播课堂的教学效果，学校应根据教学内容和学生特点制定合理的课程安排。地理学科内容跨度大，涉及领域广，因此学校在安排直播课程时应考虑到课程内容的复杂性与难度，适当控制每节课的时长，避免学生产生疲劳感。学校也应统筹安排教师的授课时间，避免时间冲突，保证每个学生都有充足的参与机会。学校还应通过定期评估和反馈，了解教师和学生的需求，不断调整和优化直播课堂计划。

3. 鼓励教师进行教学创新

地理教学不仅需要教师具备专业的学科知识，还需要教师具备使用现代技术工具的能力。因此，学校应定期举办关于直播技术、在线教学设计、互动方法等方面的培训，帮助教师提高线上授课能力。此外，学校还应鼓励教师在直播课堂中运用互动性强、参与感强的教学策略，如实时答疑、小组讨论、任务驱动等，来提升学生的学习体验与效果。通过不断创新和提升教师的专业素养，学校能够为学生提供更高质量的网络直播课堂。

4. 加强学习资源的整合与共享

为了提高网络直播课堂的教学效果，学校应加强地理教学资源的整合与共享。学校可以建立一个数字化资源平台，将各种优质的教学资料（如地理实验视频、专题讲解、地图等）整合在一起，供教师和学生随时访问。在网络直播课堂中，教师可以利用数字化资源平台的资源进行实时展示和讲解，以增强教学的直观性和互动性。学校还可以鼓励教师和学生上传自己的学习资料和成果，促进资源的共享与共同进步。这种资源共享不仅能增强教学内容的丰富性和多样性，还能提升学生的自主学习能力。

5. 建立完善的评估与反馈机制

学校应建立一套完善的评估与反馈机制，及时了解学生在网络直播课堂中的学习情况，并据此不断调整教学策略。评估可以通过课后测验、学生反馈、学习数据分析等多种方式进行，帮助教师发现学生在学习过程中的薄弱环节。学校还可以通过线上问卷、讨论等方式收集学生对课堂内容、教学方法、直播平台等方面的反馈，确保教学质量持续提升。

（二）教师方面

在网络直播课堂中，教师的角色至关重要，他们不仅是知识的传递者，还是课堂的管理者、学生学习的引导者和支持者。在实施网络直播课堂时，教师需要在多个方面进行策略调整与优化。

1. 提升技术素养与直播技能

提升技术素养与直播技能，是教师成功进行网络直播课堂教学的重要前提。首先，教师需要熟悉并掌握直播平台的使用方法，了解其基本功能和设置，包括音频、视频、屏幕共享、互动工具等。这不仅能确保教学过程的流畅进行，还能有效解决直播中的技术问题。例如，教师需要学会如何操作白板、如何展示 PPT、如何进行实时答疑等，以保持课堂的互动性和吸引力。其次，教师需具备一定的网络故障处理能力，以应对可能出现的网络卡顿、声音延迟等问题。遇到这些问题时，教师应能迅速做出反应，以免影响课堂进度。通过不断学习和掌握更多的直播技能，教师不仅能提高课堂效果，还能丰富学生的学习体验。

2. 课前准备工作要充分

对于网络直播课堂，课前准备工作至关重要，教师必须提前做好充分准备，以保证课堂教学的顺利进行。

首先，教师应确保设备能正常工作，包括电脑、麦克风、摄像头等。教师需要在上课前检查设备的电量、音频及视频质量，确保设备运行顺畅。特别是在屏幕共享前，教师应清理桌面，关闭不必要的应用程序和窗口，避免出现广告弹窗、通知消息等其他干扰信息。

其次，教师应选择合适的网络环境，确保网络稳定，以防网络中断或延迟影响课堂效果。

再次，教师应准备好教学内容和教具，如课件、辅助材料、互动工具等，确保授课内容的连贯性和教学资源的充分性。对于一些需要演示的内容，教师应提前演练，确保展示过程顺利。

最后，教师应在课前进行环境布置，确保教学环境安静无杂音。教师应选择一个安静的房间进行授课，避免家庭成员或其他外部因素的干扰，确保学生能够清晰地听到讲解和指令。做好这些课前准备工作，不仅能保证课堂高效进行，还能提升学生的学习体验和参与度。

3. 设计互动性强的教学活动

在网络直播课堂中，教师不能仅仅依靠单向的讲解，还应设计更多互动性强的教学活动，以激发学生的学习兴趣。教师可以通过实时提问、课堂讨论、小组合作等方式，鼓励学生参与到课堂中。例如，教师可以通过地图标注、虚拟实验等方式，促进学生深度参与课堂，从而增强参与感和体验感。互动活动不仅能提高学生的课堂参与度，还能加深他们对地理知识的理解与记忆。

4. 加大对学生个性化学习的支持

网络直播课堂为学生提供了灵活的学习空间，教师应利用这一优势，关注学生的个性化学习需求，并根据学生的学习进度与兴趣，为学生提供定制化的学习建议和辅导。例如，教师可以通过直播平台的后台数据，分析学生的学习情况，对进度较慢或有疑惑的学生进行单独辅导。教师还可以在课后通过微信群、邮件或论坛等，进一步加强与学生的互动，为学生提供更多的资源支持，帮助他们克服学习中的困难。

5. 维持课堂秩序和互动性

网络直播课堂存在学生易分心、无纪律等问题，因此教师应更加注重课堂秩序的维护。在网络直播课堂中，教师要时刻保持对学生的关注，通过设置课堂规则、适时发问、即时回应学生的问题等方式加强课堂的互动性，了解他们的学习情况并及时调整教学内容和方法。教师可以通过设置奖励机制激励学生保持积极的学习态度，进而维持课堂秩序和活跃气氛。

6. 不断反思与优化教学内容

教师应定期对网络直播课堂的教学效果进行反思，及时调整教学内容和方法。教师可以根据学生的反馈、学习成绩以及参与度等方面的信息，分析网络直播课堂的优势和不足。在此基础上，教师可以不断优化教学策略，改进教学内容的呈现方式。例如，复杂的地理知识可以通过互动地图和 3D 建模工具帮助学生更好地理解。教师还可以定期更新教学资源，保证课堂内容的时效性和趣味性，以提升学生的学习效果。

（三）学生方面

首先，学生应主动适应网络直播课堂的学习方式。与传统课堂不同，网络直播课堂要求学生具备较强的自律性和时间管理能力。在课堂上，学生应专注于教师的讲解，积极参与互动，并根据教师的要求进行必要的课后练习。为了提高学习效率，学生应提前做好预习，了解课堂内容，并准备好相关的学习工具，如课本、笔记本等，以便随时记录知识点和问题。学生还应积极利用直播平台的互动功能，加强与教师和同学的互动，增强学习的积极性和参与感。

其次，学生应具备应用信息技术的基本能力。在网络直播课堂中，学生需要熟练掌握在线学习平台的基本功能，包括如何进入直播间、如何进行屏幕共享、如何参与课堂讨论、如何查看课程资料等。熟悉这些功能能够让学生更高效地参与课堂，增强学习动力。学生还应确保学习环境的适宜和网络的稳定，避免其他因素的干扰，以保证自己能够清晰听到教师的讲解和顺畅参与课堂活动。

最后，学生应在课后进行自我总结与复习。网络直播课堂虽然具备视频回放功能，但学生仍需要主动学习，进行知识梳理和理解。学生可以根据课堂内容进行知识点的归纳总结，通过做笔记、完成习题、查找相关资料等方式，进一步巩固学习成果。学生还可以通过直播平台与教师沟通，或者参加在线答疑，解决自己的疑惑。课后，学生可以通过小组合作、讨论交流等方式加深对知识的理解和应用。

第六章　地理教学与地理信息系统的融合

第一节　地理信息系统概述

一、地理信息系统的概念与组成

（一）地理信息系统的概念

地理信息系统（geographic information system, GIS）是一种能够捕获、存储、管理、分析、处理、展示和分发地理空间数据的计算机系统。GIS通过与位置有关的数据及对属性数据的综合分析，支持决策、规划和管理工作，被广泛应用于科学研究、资源管理、城市规划、环境监测等领域。

（二）地理信息系统的组成

GIS主要由四个部分构成，即硬件系统、软件系统、地理空间数据和系统管理操作人员。

1.硬件系统

硬件系统是GIS的物理基础，包括计算机设备、输入/输出设备、中央处理器、存储器等。这些硬件组件协同工作，完成数据的输入、存储、处理和输出。GIS任务的复杂性和特殊性要求硬件设备具备较高的精度和速度，且这些硬件设备的性能直接影响GIS的效率和应用范围。此外，GIS还依赖网络系统，这使得基于网络环境的GIS成为其未来发展的重要方向。

2.软件系统

软件系统是GIS功能实现的核心，主要由计算机系统软件、应用分析程序和其他支持软件构成。计算机系统软件提供GIS运行的基本平台，确保操作系统、汇编程序和维护工具的正常运作。应用分析程序则根据具体的地理任务和分析模型进行定制开发，帮助用户进行深入的空间数据分析和决策支持。

3. 地理空间数据

地理空间数据通常指以地球表面空间位置为参照的自然、社会和人文经济景观的数据，可以用图形、图像、文字、表格等形式呈现。它通过各种设备（如数字化仪、扫描仪、键盘等）输入到 GIS，是 GIS 分析与应用的基础。

地理空间数据主要包括以下几类：①已知坐标系中的位置。这类数据标识了地理景观在自然界或地图中的具体空间位置，通常表现为几何坐标，如平面直角坐标或极坐标等。②实体间的空间关系。这类数据描述了不同地理实体之间的空间关系，主要包括度量关系（如地物之间的距离）、延伸关系（如地物之间的方位）、拓扑关系（如连通性、邻接性等）。③与几何位置无关的属性。这类数据是与地理实体关联的非几何属性信息，如土壤种类、行政区划、面积、人口数量等。属性数据分为定性数据和定量数据两类，其中定性数据描述地理实体的特征或类别，定量数据则包含数量、面积等可以量化的指标。

4. 系统管理操作人员

系统管理操作人员是 GIS 不可或缺的组成部分。无论是 GIS 的设计、建设、运行，还是数据的更新与维护，都需要专业人员的参与。强有力的组织保障和高素质的人员，是 GIS 能够长期稳定运行并提供高质量分析服务的前提。

二、地理信息系统的基本功能

（一）数据的采集与输入

数据采集是 GIS 运作的基础。通常通过多种方式，包括现场勘测、遥感技术、航空影像、GPS 定位设备以及公共数据源等，获取地理空间数据。这些数据通过各种设备，如数字化仪、扫描仪、遥感器、GPS 接收器等被输入到 GIS 中。数据输入不仅包括将数据存储到 GIS 中，还包括对数据的预处理和格式化，以确保数据与 GIS 兼容。准确地采集和输入数据对系统分析结果的准确性至关重要，因此在数据的采集与输入中，要注意数据的精度、完整性和一致性。

（二）数据的存储与管理

数据的存储与管理是 GIS 的核心功能之一，它涉及数据的组织、维护和备份。地理空间数据通常存储在数据库中，通过数据库管理系统进行有效管理。GIS 的数据存储不仅包括空间数据的保存，还包括与之相关的属性数据的管理。空间数据一般采用矢量格式或栅格格式进行存储，而属性数据则通过关系型数据库管理。为提高数据访问效率，GIS 需要采用适当的索引和数据压缩技术。此外，数据的更新和版本控制也是数据管理的重要内容。有效的存储与管理能够确保数据的高效存取和 GIS 的长期稳定运行。

（三）空间数据的处理与分析

通过分析空间数据，可以揭示地理现象的规律和趋势。空间分析包括基本的空间查询、缓冲区分析、叠加分析、邻域分析等。利用空间数据处理技术，GIS 可以评估不同地理现象之间的空间关系，从而进行最优路径分析、资源分配、环境监测等。GIS 的空间分析能够为决策提供科学依据。例如，通过分析土地利用变化、交通网络优化、污染物扩散等问题，GIS 能够为政府、企业和研究机构提供准确的空间决策支持。

（四）数据与图形的交互显示

通过地图、图表、三维模型等，GIS 可以将抽象的空间数据转换为易于理解的视觉信息。用户可以通过交互操作查看不同的空间层次、属性信息以及动态变化。交互显示功能支持用户对地图进行缩放、平移、选择和标注等操作，从而使用户可以根据自身需要动态调整数据的显示方式。这种交互显示不仅能深化用户对地理数据的理解，还能提高空间决策的效率和准确性。

（五）数据的输出与共享

GIS 允许用户将分析结果和地图以不同格式输出，并与其他系统或用户共享。数据输出通常包括图形输出、数字格式输出以及可视化结果的生成。输出的数据可以用来打印、展示或与其他部门共享，从而为跨部门的协作和决策提供支持。此外，随着网络技术的发展，GIS 的输出与共享不再限于传统的文件传输，还包括通过云平台、WebGIS 和 API 等进行的数据在线共享与远程访问。这为实现跨区域、跨行业的数据共享与协同工作提供了新的可能性。

三、地理信息系统的教学功能

地理学是一门内容相当丰富的学科，涉及自然和人文各个方面，包括自然环境、政治、经济、文化等，且随着地理学科的发展，传统的地理教学方法和手段不能很好地满足地理教学的新要求，而 GIS 作为一种理想的教学技术，有广阔的应用前景。GIS 包含的信息量大，更新速度快，表现力强，能将大量的地理信息和理论信息有机结合起来，并加以存储，供学生使用和查询。具体来说，GIS 的教学功能主要体现在以下几方面，如图 6-1 所示。

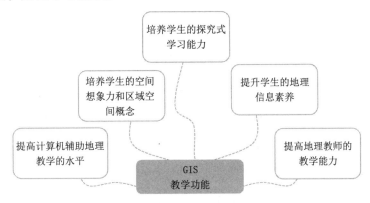

图 6-1　GIS 的教学功能

（一）提高计算机辅助地理教学的水平

一方面，GIS 的空间数据处理与分析、数据与图形的交互显示、数据的输出与共享等功能可以直接用于地理教学。另一方面，GIS 所提供的教学资源可以更好地帮助教师进行计算机辅助教学，增强教学过程的交互性，促进学生地理思维的发展。应用 GIS 进行教学，有利于激发学生的地理思维，促进学生对地理事物分布规律及成因的掌握。

例如，通过 GIS 的图层控制功能，教师可以将多个与地理因素相关的地图叠加展示，这样的操作有助于学生理解地理要素之间的相互关系。以我国糖料作物的种植分布为例，教师可以通过叠加甘蔗和甜菜的分布图与气候因素来分析它们的分布规律，这样学生可以清楚地看到甘蔗主要分布在温暖湿润的南方地区，而甜菜主要分布在较冷干燥的北方地区。这种直观的展示使学生在理解地理现象的空间分布规律时，不仅能看到其分布情况，还能深入思考其背后的原因。通过这样的方法，学生不仅能学会观察和分析地理事物，还能运用空间分析的思维方式解决实际问题。

GIS 的三维立体模拟显示功能能够极大地增强地理教学中的地形特

征效果。传统的平面地图往往难以直观呈现山峰、山脊、山谷等复杂的地形特征，对学生而言，缺乏立体感的地图往往让他们难以完全理解地形的空间结构。而利用 GIS 创建数字高程模型，可以将真实的山体地形进行三维立体展示，从而让学生直观地看到山峰、山脊、山谷等不同地形的高低起伏。通过动态旋转、放大缩小等操作，学生不仅能更加清晰地理解不同地形之间的空间关系，还能在操作过程中加深对地形特征的记忆。这种教学方式可以提升学生的学习兴趣和参与度，调动他们的主动性，促使他们更深入地掌握地形分析的基本方法和技巧。

（二）培养学生的空间想象力和区域空间概念

地理学是关于地理事物空间分布及其变化的科学，所以，地理教学既要通过直观的空间分布让学生获得感性知识，又要以一定的空间抽象促进学生空间想象力的提高。GIS 具有空间可视化功能，通过无级缩放地图可以实现不同尺度的地理空间展示，使学生更直观、具体地认识现实世界的空间关系，同时通过图层叠置、空间分析为提高学生的空间想象力提供条件。

在地理教学中，教师可以充分利用 GIS 的空间可视化功能。比如，通过 GIS 空间数据库，教师可以从一张中国的行政区划图中提取各省、自治区、直辖市的人口统计数据，计算其人口密度，并按人口密度的分级指标指定不同的色彩和填充方式来显示行政区所对应的图斑。因此，空间地物的专题属性特征的教学可以通过 GIS 实现具有空间参照信息的可视化。

在地理教学中，利用 GIS 的缩放功能不仅可以纵览研究区域的整体，还可以深入感兴趣的局部去研究。基于空间数据和属性数据相结合的 GIS 空间数据库，可以实现多种比例尺的地理信息展示，小比例尺查看全局，中比例尺查看局部，大比例尺查看细节。随着比例尺的不断增大，可以实现对地理事物更加全面、深入的认识。例如，在浏览一个国家的地理状况时，可以只显示大的地理行政区域划分和主要的地形、地貌、河流，如中国的省级行政区、主要的山脉、高原、平原、长江、黄河等；浏览一个省级行政区的地理状况时，只需要显示主要的河流、省级公路、铁路以及市县级行政分区图等信息；随着比例尺的不断增大，就可以显示具体的街道、建筑物、公园等空间地物。

（三）培养学生的探究式学习能力

探究式学习强调学生的自主学习和合作探究，符合新课程的教学理念。在探究式学习中，学生不仅可以提出具有实际意义的地理问题，还可以在教师的指导下明确研究方法、途径及要求，进而通过自主查找和收集资料、分析问题，最终得出结论。GIS 作为一个集地理信息输入、分析和输出于一体的工具，正好契合了这一学习模式。

当学生掌握了 GIS 的基本操作后，可以在教师的引导下收集相关的地理信息，并通过 GIS 平台建立与研究问题相关的数据库，运用系统的空间数据分析和处理功能，探讨地理问题的成因、空间分布规律等。通过这一过程，学生不仅能掌握地理研究方法，还能增强地理思维能力和实际应用能力。GIS 能使学生亲身参与到数据的分析与处理中，探索解决实际问题的途径，并在实践中加深对地理学科的理解。例如，在等值线教学中，学生可以通过 GIS 对某一地区的等高线图和地形图进行三维建模，生成三维可视地图。在这一过程中，学生可以从多角度观察地形特征，并结合等高线图加深对地形和等值线概念的理解。通过这种探究式学习，学生不仅能获得知识，还能提高自己的空间思维能力和问题解决能力。同时，这种学习方式将学生置于主体地位，教师则在指导过程中提供帮助和支持，帮助学生自主发现问题、解决问题，实现真正的学科内化和技能提升。

（四）提升学生的地理信息素养

地理信息素养不仅包括学生获取、分析、处理地理信息的能力，还包括学生在实际地理活动中使用信息工具的能力。在信息化社会，随着地理知识更新速度的加快，传统的学习方式已经难以满足学生对信息的需求。为了适应这种变化，提升学生的地理信息素养变得尤为重要。

通过使用 GIS，学生不仅能更直观地获取地理信息，还能在实际操作中提高他们的信息收集、处理和分析能力。这种自主学习方式鼓励学生通过实际操作探索问题、解决问题，而不仅仅依赖课堂上教师的讲解。通过动手操作 GIS，学生可以深入理解地理信息的结构与内容，并学会利用这些信息分析复杂的地理现象。这样的学习方式大大增强了学生的信息意识，使他们在面对日常生活中的地理问题时，能够灵活运用信息技术手段进行分析与处理。此外，GIS 的应用能帮助学生发展综合能力，特别是在解决实际问题方面。学生不仅要掌握地理知识，还要学会如何运用现代信息技术对复杂的地理问题进行分析与决策。因此，GIS 的引入成为提升学生信息素养、促进他们综合素质发展的有效途径。

（五）提高地理教师的教学能力

由于一些地理教师缺乏对 GIS 的了解和实际应用能力。因此，将 GIS 引入课堂，使教师学习和掌握这一技术，成为提高教师教学水平的必要途径。GIS 的不断发展和更新要求教师不断跟进最新的技术趋势，这种动态的学习过程为教师提供了持续提升自身专业素养和教学能力的动力。

通过在教学中运用 GIS，教师不仅能提升自身的技术能力，还能逐渐适应将地理教学与信息技术相结合的教学模式。这要求教师从传统的教学方式中走出来，掌握有效应用 GIS 展示地理信息、分析地理问题，并设计富有互动性的教学活动的技巧。更重要的是，GIS 的应用能促使教师对地理学科知识的理解更为深入，通过操作 GIS，教师能够更直观地掌握地理要素之间的空间关系，从而在教学时更加得心应手。因此，GIS 的应用不仅能提升教师的技术能力，还能促进教师教学理念的更新，使其更加符合现代教育对教师信息技术水平的要求。

四、地理信息系统在地理教学中的应用特点

GIS 在辅助地理教学方面具有其他技术不可替代的特点，主要体现在以下几个方面。

（一）信息量大

GIS 作为地理教学的辅助手段，其最大的特点是信息量大，在提高教学效率的同时，能培养学生搜集和处理信息的能力，是素质教育与信息技术结合的一条重要途径。

GIS 地图通常采用矢量图形式，这种形式不仅节约存储空间，还能实现高精度的地图呈现。GIS 地图以分层显示为特色，用户可以根据需要自由选择和叠加不同的信息层次，大大提高了操作的便捷性。此外，GIS 的数据能够实时更新，确保所展示信息的时效性，使学生能够更直观地感知地理现象的动态变化。

（二）空间性强

GIS 具有的空间分析功能，不仅有助于激发学生的学习兴趣，还有助于学生认识到地理空间分析的重要性，了解空间分析的实用价值。

（三）对师生的专业性要求不一

GIS 对师生的技能和知识水平有不同程度的要求。教师需要通过一定的培训掌握 GIS 的基本理论和操作技能，但这对学生来说不是必须的。GIS 在地理教学中的应用更多是作为一种辅助工具，旨在帮助学生更好地理解和分析地理数据，因此，学生只需要在一定的引导下能使用 GIS

完成基本的地图查询、数据分析等任务即可。对于地理教师来说，掌握
GIS 的使用方法可以提高教学效率和质量；而对于学生来说，接触 GIS
可以增强其空间数据处理和分析能力。

（四）开放性强

GIS 不仅仅是地理知识的传递工具，还是师生开阔视野、拓展思路
的桥梁。GIS 与现实世界的紧密联系，能够让学生感受到地理学科的现
实意义，同时激发他们探索世界的兴趣和主动性。

（五）实践性强

GIS 的引入能够增强地理教学的实践性，同时有助于学生社会实践
能力的培养。例如，通过将实际的调查数据输入 GIS 进行分析，学生能
够学会以科学方法解决实际问题，同时增强团队合作意识和应变能力。
此外，GIS 要求学生参与专题地图制作等活动，这一过程能够培养学生
的动手能力、创造力以及审美意识，实现知识与技能的双重提升。

（六）灵活性大

GIS 的灵活性体现在其能够满足不同教学需求并适应学生的个性化
发展。它既能通过简单、直观的方式展示基本的地理概念，又能通过多
层次分析揭示复杂的地理规律。这使得 GIS 能够为学生提供更多开展探
究学习和动手实践的机会，激发学生的学习兴趣和创造潜能，同时促进
他们综合素质的提升。

第二节　地理教学与地理信息系统融合的条件与方法

一、地理教学与地理信息系统融合的条件

（一）技术条件

1.GIS 及硬件设备的配备

GIS 作为一种集成空间数据处理、分析与可视化的技术，要求配备相应的硬件设备与软件系统，以支持其在地理教学中的高效应用。GIS 软件的选择至关重要。随着 GIS 技术的发展，市场上涌现出多种不同类型的 GIS 软件，常见的包括 ArcGIS、QGIS 等。这些软件具备强大的空间数据处理能力，支持数据空间分析、地图制图及三维建模等功能，这对地理教学具有重要意义。为了有效地运行这些 GIS 软件，学校需要提供足够的计算机硬件资源，并确保计算机的处理能力与存储容量能够满足大型空间数据的加载与分析需求。例如，处理大型地图、卫星影像、三维地形图等数据时，计算机需要配备高性能的图形处理单元和较大内存。因此，配备合适的软件和硬件是 GIS 在地理教学中得以有效应用的基础。

2. 网络基础设施的支持

GIS 在地理教学中的有效应用不仅依赖先进的软件和硬件配置，还需要网络基础设施的支持。GIS 需要处理大量空间数据，这些数据往往需要在线下载或通过网络传输，特别是在使用遥感影像、全球定位系统数据及在线地图服务时，网络的稳定性和带宽至关重要。完善的网络基础设施可以确保数据的快速传输与实时更新，使学生能够便捷地访问各

种地理信息资源。此外，随着云计算技术的不断发展，许多 GIS 应用已逐步转向云平台，这种云端计算和存储方式能够显著减轻本地计算机的负担，提高数据的共享与协作效率。在这种情况下，学校需要确保网络带宽足够大，能够支持大量数据的下载、上传以及实时分析等操作。同时，高速、稳定的无线网络可以保障学生和教师在教学过程中顺畅地使用 GIS，避免因网络问题而影响教学进度和教学质量。因此，良好的网络基础设施不仅为 GIS 的运行提供了支持，还为地理教学中的数据共享、远程协作和在线学习提供了有力保障。

（二）教师条件

1.教师的信息技术素养

要将 GIS 引入地理教学，教师需要了解如何使用 GIS 进行地图制作、空间数据分析以及三维建模等。只有具备了基本的 GIS 相关知识，教师才能将该技术有效地融入教学活动，并指导学生进行相关操作与探索。教师的信息技术素养直接影响学生的学习效果。如果教师能通过具体的案例分析、空间数据处理和地图呈现等手段，让学生直观地理解和分析地理现象的空间规律，学生的地理思维能力将得到显著提升。因此，教师的信息技术素养是 GIS 融入地理教学的重要基础。

2.教师的教学设计能力

GIS 的应用不仅涉及操作层面，还涉及教学方法与教学设计的创新。教师在将 GIS 融入课堂时，需要具备较强的教学设计能力。首先，教师需要根据教学内容和教学目标，合理规划和设计 GIS 的应用形式。例如，在讲解地形地貌时，教师可以设计通过 GIS 的三维立体显示功能帮助学生更直观地理解山脉、河流等地理要素；在讲解气候分布时，教师可以利用 GIS 的空间分析功能，引导学生分析不同气候区域的分布规律。这种教学设计不仅能提升学生的地理学习兴趣，还能增强学生对地理知识的理解与记忆。其次，教师需要根据不同学生群体的学习需求，设计个性化的学习任务，培养学生运用 GIS 解决实际问题的能力。

3.教师的持续学习和专业发展意识

随着 GIS 的不断发展，教师需要具备持续学习和专业发展的意识。在教学中应用 GIS 是一个动态的过程，需要教师不断适应新的技术变化和教育需求。教师应定期参加相关的专业培训，了解最新的 GIS 知识与教学方法，不断提升自己的专业素养和教学能力。此外，随着教育信息化的发展，涌现出越来越多的在线学习资源和教育平台，教师可以利用这些平台获取更新的教学资源，与同行分享教学经验，推动教学实践的不断创新。具备持续学习和专业发展的意识，有助于教师在不断变化的教育环境中持续优化自己的教学策略和方法，提高教学质量。

（三）学生条件

1.学生的基础地理知识和信息技术能力

首先，学生需要对地理学的基本概念、地理现象、地理要素及其相互关系有所了解。只有掌握了这些基本的地理知识，学生才能理解 GIS 所展示的数据和图像，并通过空间分析等方法从中提取有价值的信息。例如，学生在学习气候分布时，如果不了解温度、降水等气候要素的基础知识，就难以有效应用 GIS 来分析不同地区的气候特征。

其次，学生应具备一定的信息技术基础，如计算机操作能力和基本的图形处理技能。GIS 的操作界面和功能较为复杂，需要学生熟练使用计算机进行数据输入、地图操作和数据分析等。

2.学生的主动学习和探究能力

GIS 不仅是一个知识传递工具，更是一个引导学生探索和发现地理规律的平台。学生需要通过自主选择研究主题、收集数据、进行空间分析等步骤，深入了解地理现象及其成因。如果学生缺乏主动学习的意识和能力，就可能只是被动地接受地理信息，无法真正掌握地理思维和方法。GIS 提供了大量的空间数据和分析工具，能够让学生通过亲自操作，从多个维度探索问题，培养他们的独立思考和问题解决能力。学生通过自主探究，能够更好地理解地理知识的应用价值，并将其与实际问题相结合，为今后更深入的学习打下基础。

3. 学生的合作学习能力

在使用 GIS 进行地理研究时，学生通常需要与同伴进行合作，共同完成任务。这种合作不仅仅是分工完成具体的任务，更是在思维碰撞和信息共享的基础上，进行集体讨论、数据分析和问题解决。例如，学生可以通过小组合作，共同探讨某一地区的气候、人口、土地利用等多方面的地理信息，通过 GIS 的空间分析功能，整合各小组成员的研究成果，完成更为深入的地理探究。通过合作学习，学生能够学会如何与他人共享信息、协同解决问题，并在集体智慧的帮助下加深对地理现象的理解。合作学习不仅能提高学生的团队协作能力，还能提升他们的沟通技巧，增强他们的集体意识。在 GIS 融入地理教学的过程中，学生的合作学习能力是提高学习效果和培养团队精神的重要因素。

（四）学校条件

1. 学校硬件设施的建设

GIS 在地理教学中的有效应用，离不开学校硬件设施的支持。学校必须配备足够的计算机、投影设备和数字化地理资源库，以满足应用 GIS 的技术需求。尤其是在计算机硬件上，学生能够通过操作计算机，亲自进行地理数据的输入、处理和分析，而良好的网络基础设施和高效的服务器设备可以保证 GIS 运行流畅、数据传输快捷，避免因硬件问题影响教学效果。此外，学校还需要具备与 GIS 相关的专用软件和最新的版本，确保教学内容的先进性和系统的稳定性。硬件设施的建设是 GIS 融入地理教学的基础，直接影响教学的顺利进行和学生的学习体验。

2. 学校教师培训与发展支持

为了确保 GIS 能够有效地融入地理教学，学校必须为教师提供系统的培训，包括 GIS 操作方法、教学方法的创新以及学科知识的应用等方面的内容。此外，学校还需要支持教师的专业发展，鼓励教师进行自我学习和研究，提升其信息技术素养。通过培训，教师能够有效利用 GIS 提升教学效果，进一步激发学生的学习兴趣和地理思维能力。

3. 学校管理和教学支持

学校的管理层应当认识到 GIS 在地理教学中的重要性，并为 GIS 融入地理教学给予足够的支持。首先，学校应制定相关政策，鼓励和支持 GIS 在地理教学中的应用。例如，学校可以将 GIS 的应用纳入教学改革议程，支持创新教学模式的实施，并为教师应用 GIS 进行教学提供时间和资源保障。其次，学校应为 GIS 课程设置提供支持，包括课程内容、教学计划的优化以及与其他学科的整合。最后，学校应提供专门的技术支持团队，解决教师和学生在应用 GIS 过程中遇到的技术问题，确保 GIS 的顺利应用，从而提升教学质量。

二、地理教学与地理信息系统融合的方法

具体来说，地理教学与地理信息系统融合的基本方法有以下几种。

（一）地理信息系统作为计算机辅助地理教学的平台

1. 应用 GIS 呈现教学内容

GIS 地图的缩放功能使得教师可以根据需要灵活地放大或缩小地图，以展示不同层次和范围的地理信息。教师可以利用地图缩放功能展示全

球的地理特征，也可以利用这一功能展示某一地区的具体地理特征，帮助学生理解不同比例尺下的地理现象和空间关系。漫游功能增强了地图的交互性，学生可以通过虚拟旅行探索不同的地理区域，培养空间感知能力。查询功能允许学生通过输入特定的地理信息来快速定位地点并查看定位地点的相关属性信息。通过空间分析，学生能够分析地理数据的空间分布以及不同地理要素之间的相互作用。例如，学生可以分析某一地区的气候变化趋势，或者通过空间分析研究不同土地利用方式的空间分布。这些功能的应用不仅能让地理内容更加生动直观，还能帮助学生在互动中掌握地理数据分析的基本方法，提高他们的空间思维能力。

2. 利用地理空间数据和属性数据制作专题地图

利用 GIS，教师可以根据教学需要，结合地理空间数据和属性数据制作各类专题地图。专题地图不仅能展示地理要素的空间分布情况，还能通过图层显示不同属性数据的关联。例如，在讲解人口分布时，教师可以制作一个专题地图，用来展示不同区域的人口密度和分布情况。通过图层设置，学生可以直观地看到各省份、城市的不同人口密度，以及人口变化的趋势。除此之外，教师还可以制作气候变化地图、土地利用地图、交通分布地图等专题地图。通过这些专题地图，学生不仅能了解不同地区的地理特征，还能理解各地之间的差异及其背后的地理原因。空间数据和属性数据的结合，使得专题地图不仅具备了视觉呈现效果，还具备了数据分析功能，为学生提供了更丰富的地理学习体验。

3. 利用地理信息系统生成三维地形图，并进行相关实验演示

教师可以利用 GIS 结合地形数据生成三维地形图，从不同角度展示地形起伏，帮助学生理解山脉、河流、平原等地理要素的空间分布特征。此外，GIS 还可以模拟洪水、火灾、土地滑坡等地理现象的影响范围，通过叠加显示洪水可能淹没的地区和不同高度的范围，使学生更加直观地了解这些自然灾害对生产生活造成的影响。这种三维地形图和相关实

验演示方式，能够帮助学生在立体空间中感知地理要素的变化，更好地理解地理概念和地理过程。通过模拟实验，学生能够更加深刻地理解复杂的地理现象，从而提高他们的地理思维和分析能力。

4. 应用虚拟现实技术展示三维立体地图和实景地图，并运用热链接实现多媒体展示

通过应用虚拟现实技术，学生可以在三维立体地图中"亲身体验"不同的地理景观。例如，学生可以在虚拟现实环境中漫步于山脉、河流、城市等地理场景，从而增强空间感知能力和地理思维能力。虚拟现实技术还能够通过三维建模和实景地图的结合，模拟不同的地理现象，帮助学生理解复杂的地理过程，如城市扩展、环境变化等。热链接功能则进一步增强了 GIS 的互动性。通过热链接，教师可以将地理信息与文档、图片、音频、视频、动画等相结合，使学生在学习过程中同时获取多方位的地理信息。这种方式不仅能丰富教学内容，还能帮助学生从多角度理解地理知识。例如，在讲解某一地区的气候变化时，教师可以通过热链接展示相关的气候数据、卫星图片、专家讲解视频等，使学生更加深刻地理解该地区气候变化的原因和影响。

（二）将地理信息系统提供的地图作为计算机辅助教学的资源

GIS 提供的地图具有丰富的表现形式，可以应用于地理教学中的计算机辅助教学。通过 GIS，教师能够生成多种类型的地图，如普通的二维地图、具有立体效果的三维地形图、模拟的三维效果地图、各种专题地图以及空白地图等，从而极大地丰富教学资源。在教学过程中，教师可以通过 PowerPoint 或 Flash 等软件展示从 GIS 导出的地图。如果导出的地图为 JPG 格式，教师可以直接将其插入幻灯片中，来展示地理信息。如果导出的地图为矢量格式，教师可以在 PowerPoint、Flash 等软件中对其进行编辑和修改。矢量图的优势在于其清晰度不会随缩放而降低，可以灵活调整大小，甚至以任何比例尺显示都不会失真。此外，矢量格式

地图中的不同图元可以独立提取出来，根据教学需要进行精细化编辑。例如，教师可以利用 Flash 软件对导出的地图进行动态编辑，添加文字标注、进行空间分析或演示地理过程。通过这种方式，学生能够在更生动、互动的环境中学习地理知识。在教学演示中，从 GIS 导出的地图能够清晰地展示地理要素的空间分布，如人口密度、气候带、自然灾害分布等，让学生在地图的引导下进行深入的空间分析。

（三）用基于地理信息系统的电子地图来辅助地理教学

电子地图，通常是指基于 GIS 的数字化地图，它结合了数字地图与 GIS 的优势，是一种"活"的地图。与传统的静态地图或扫描后的图像地图不同，电子地图能够动态展示和交互，具有无限缩放、查询、测量和分析等多种功能。这种动态的、交互式的地图为地理教学提供了极大的便利，尤其是在帮助学生理解和分析地理空间数据方面，具有不可替代的作用。

首先，电子地图的无极缩放功能能够让学生根据需要查看任意比例尺的地图，且不失真。无论是查看全球范围的地理状况，还是精确到某一特定城市或区域的细节，电子地图都能精准展示。教师可以通过电子地图展示从全球到局部区域的气候带、人口分布等信息，帮助学生更好地掌握地理知识的空间分布特点，并对不同地理单元的层次和关系有更清晰的理解。

其次，电子地图的查询功能使学生可以轻松地找到特定的地点、线路或地理特征，并进行相关分析。学生可以通过点击地图上的地点或线路，快速获取该位置的相关信息，包括地理坐标、交通路线、周边设施等。例如，在学习城市规划或交通流分析时，学生可以使用电子地图查询不同地区的交通状况、公共设施分布等数据，从而更好地理解城市发展与地理环境之间的关系。

再次，电子地图的距离测量和面积计算功能也能辅助地理教学。学生可以通过电子地图计算某一特定区域的距离、面积或其他空间特征，进而理解地理学中关于空间度量和空间分布的概念。该功能不仅为地理实验提供了便利，还能加深学生对空间分析方法的理解和应用。

最后，电子地图还可以进行缓冲区分析和空间分析等高级操作，这对研究地理问题的空间分布及其相互关系至关重要。通过这些功能，学生可以模拟不同环境下的地理现象，如气候变化对某一地区生态环境的影响，或者洪水、地震等自然灾害的扩散过程。通过这些分析，学生不仅能学到地理知识，还能培养解决实际问题的能力，从而提升他们的空间思维和问题解决能力。

第三节　地理教学与地理信息系统融合的实践案例分析

一、案例一：利用地理信息系统分析城市交通拥堵问题

随着城市化进程的加快，城市交通拥堵问题成为社会各界关注的热点。通过 GIS 技术，学生可以深入了解城市交通的空间分布特征，分析交通流量与拥堵现象的关系，从而培养地理空间思维和数据分析能力。该案例将通过运用 GIS 帮助学生分析所在城市的交通拥堵情况，并提出合理的解决方案。

（一）学情分析

1. 学生的知识基础

大部分学生已经掌握了基本的地理学科知识，如城市功能分区、人口分布与交通规划等内容，但对 GIS 的认识较为浅显。部分学生具备一

定的计算机操作能力，但未必熟悉具体的 GIS 软件的使用。

2. 学生的学习特点

学生对新技术与实际问题的结合具有较强的兴趣，尤其是当通过实际操作能够解决现实问题时，学习积极性会显著提高。学生普遍愿意接受互动性强的教学活动，但在面对 GIS 软件较为复杂的操作界面时，可能会出现一定的学习困难。

（二）教学目标

1. 知识与技能目标

（1）了解交通拥堵的地理特性，理解交通流量数据的空间分布规律，掌握 GIS 软件的基本操作，包括数据导入、图层叠加、空间分析和专题地图制作等。

（2）能够利用 GIS 软件分析城市交通拥堵问题，并通过空间分析找出交通拥堵的热点区域，基于分析结果制作专题地图。

2. 过程与方法目标

（1）通过问题驱动的学习方法，在教师的引导下明确问题、搜集数据、开展分析，并通过团队协作提出解决方案。

（2）学习使用 GIS 软件中的缓冲区分析、热力图生成等空间分析方法，掌握数据处理、空间可视化和信息提取的基本流程。

3. 情感、态度与价值观目标

（1）培养学生关注社会实际问题的意识，加深他们对城市交通现象的理解，激发他们对城市发展与规划的责任感。

（2）鼓励学生积极参与学习，增强他们的团队协作精神和问题解决能力。

（3）通过地图制作和分析，培养学生的空间思维能力和数据敏感性，加深他们对地理信息技术应用价值的认识。

（三）教学准备

（1）硬件准备：计算机、投影仪、互联网连接。

（2）软件准备：ArcGIS 或 QGIS。

（3）资料准备：学生需要提前了解城市交通的基本情况，教师需要准备交通流量数据、城市道路网络图、公共交通路线图等资料。

（四）教学过程

1. 导入阶段

（1）引入问题。教师通过展示城市交通拥堵的照片或视频，引导学生思考：什么因素导致了城市交通拥堵？交通拥堵会对社会经济生活产生什么影响？

（2）提出任务。应用 GIS 软件分析某个城市（如北京、上海、广州等）的交通流量数据，找出交通拥堵的主要区域，并提出改善方案。

2. 讲解 GIS 软件的基本操作

（1）介绍 GIS 软件的基本概念。简要讲解 GIS 是什么，并介绍 GIS 软件如何通过地图和数据来分析和展示空间信息。

（2）演示基本操作。教师演示如何使用 GIS 软件打开地图数据，导入交通流量数据，如何进行缩放、查询、图层叠加等操作。

（3）任务安排。每个学生或小组获取一个城市的交通流量数据，并将其导入 GIS 软件中进行地图分析。

3. 学生实践阶段

（1）数据导入与处理。学生根据教师的指导，将城市的交通流量数据导入 GIS 软件，然后进行必要的清洗与处理，如通过调整图层、修改数据属性，确保数据的准确性。

（2）空间分析。学生使用 GIS 软件的空间分析工具，进行交通流量分析。通过热力图、缓冲区分析标出交通最为拥堵的区域，并分析其原因（如道路宽度、公共交通不足等因素）。

（3）专题地图制作。学生制作专题地图，标出交通拥堵区域并进行适当的图层叠加，如交通流量图、车流密度图、公共交通网络图等，分析影响交通的关键因素。

4.讨论与方案提出

（1）小组讨论。学生分组讨论他们在分析中发现的交通拥堵问题，探讨可能的解决方案。例如，增加公共交通线路，调整交通信号灯周期，改建某些拥堵的交叉口，等等。

（2）成果展示。每个小组展示自己的分析结果和解决方案，并向其他组解释本组的观点。

5.总结与反馈

（1）教师总结。教师总结学生的分析结果，指出 GIS 软件在解决实际问题中的应用潜力，强调 GIS 在地理教学中的重要性。

（2）反馈与评价。教师对学生的地图制作和分析结果进行评价，提出进一步改进的建议，并鼓励学生将 GIS 应用到更多的社会问题分析中。

6.作业与拓展

（1）作业布置。要求学生结合其他城市进行类似的交通分析，完成一份详细的交通问题报告，并提出改进建议。

（2）拓展学习。推荐学生进一步学习 GIS 软件的高级功能，如空间数据挖掘、网络分析等，并探讨其在城市规划、环境管理等方面的更多应用。

（五）教学反思

1.教学效果

学生能通过实际操作掌握 GIS 软件的基本技能，理解交通拥堵问题的地理背景，并通过空间分析得出合理的解决方案。课堂互动和小组讨论有效地增强了学生的实践能力与团队合作精神。

2.不足与改进

部分学生对 GIS 软件的操作不熟悉，导致实践环节的进展较慢。在下一次教学时，可以提前组织一些关于 GIS 软件操作的基础培训，帮助学生更快上手。

二、案例二：利用地理信息系统分析区域洪水风险与应对措施

（一）学情分析

1.学生的知识基础

学生已经学习了有关地形地貌、气候特点和水文循环的基本知识，了解洪水形成的基本过程及洪水对社会和生态环境的影响。但对应用 GIS 软件分析洪水风险区域并提出解决方案尚缺乏实际经验。

2.学生的学习特点

学生对自然灾害及其影响这一话题具有较高的关注度，尤其是洪水这一与社会、经济、生态密切相关的自然灾害。他们乐于探索如何通过现代技术手段分析和解决实际问题，但在 GIS 软件操作技能和数据分析能力上需要一定指导。

（二）教学目标

1. 知识与技能目标

（1）了解洪水风险区域的地理特征及其成因，掌握 GIS 在洪水风险分析中的应用方法。

（2）掌握 GIS 软件的基本操作技能，包括数据输入、地形分析等，能够完成洪水风险区域的识别和分析。

2. 过程与方法目标

（1）通过数据收集与处理、空间分析和方案制定的全过程，培养学生综合应用知识和技术解决实际问题的能力。

（2）通过 GIS 软件进行空间分析，学习利用缓冲区分析、热点分析等方法定位洪水高风险区域，并优化应对措施。

3. 情感、态度与价值观目标

（1）培养学生对自然灾害的关注和对社会的责任意识，增进他们对自然灾害防治和区域可持续发展的思考。

（2）激发学生的团队合作精神，增强他们通过集体智慧解决问题的能力。

（三）教学准备

（1）软件准备：ArcGIS 或 QGIS。

（2）数据集：高程数据、降水量数据、河流分布数据、人口密度数据等。

（3）教学辅助材料：洪水案例视频、相关文献和 PPT。

（四）教学过程

1. 导入阶段

（1）问题引入。通过展示洪水的图片或视频，提出问题："洪水是如何影响区域社会和环境的？人们如何通过技术手段有效预测和防控洪水？"

（2）任务设定。利用 GIS 软件分析某一地区的洪水风险区域，并提出相应的防控建议。

2. 知识讲解

（1）GIS 软件简介。简要讲解 GIS 软件的空间分析功能，尤其是地形分析、缓冲区分析和专题地图制作在洪水分析中的作用。

（2）案例展示。以某地区为例，演示 GIS 软件如何结合高程数据、降水量数据和人口密度数据识别洪水高风险区域。

3. 学生实践

（1）数据导入与处理。学生将地形数据、河流分布数据和降水数据导入 GIS 软件，并进行数据清洗与处理。

（2）空间分析。使用缓冲区分析功能，模拟洪水可能影响的范围；结合热点分析功能，识别洪水高风险区域；通过叠加分析，查看洪水高风险区域的人口密度和基础设施分布情况。

（3）专题地图制作。学生制作洪水风险分布图，并标出高风险区域，然后结合基础设施和人口分布提出重点防护区域建议。

4. 小组讨论与方案设计

（1）小组讨论。学生分组讨论分析结果，探讨洪水高风险区域的主要成因，以及可行的防控和管理措施。

（2）方案设计。根据分析结果，学生设计洪水防控方案，如修建防洪堤坝、优化排水系统、制订居民疏散计划等。

5.展示与评价

（1）成果展示。各小组展示专题地图和防控方案，分享分析过程与结论。

（2）教师评价。对学生的分析方法、方案设计进行评价，并提出改进建议。

6.总结与拓展

（1）总结本课的主要内容。包括洪水风险分析的主要方法以及 GIS 软件在区域灾害防控中的应用价值。

（2）拓展问题。如果区域降水量增加，如何通过 GIS 软件模拟不同情景下的洪水风险？鼓励学生自主探索更深入的问题。

（五）教学反思

第一，通过实际操作和小组讨论，学生对 GIS 软件的应用兴趣明显增强，并能结合数据提出有效的防控方案。

第二，学生在 GIS 软件操作和空间分析能力上有所提高，但部分学生在数据处理阶段存在困难，需要进一步的指导和练习。

第三，对于 GIS 软件操作较生疏的学生，可通过预习任务或提供更详细的操作指南帮助他们更快上手。

三、案例三：利用地理信息系统分析区域地形与经济活动的关系

（一）学情分析

授课对象为中学地理选修课程的学生，已掌握基本的地形和区域经济知识，但对 GIS 软件的实际操作尚缺乏系统学习。他们对现代信息技术充满兴趣，乐于探索和尝试新的学习工具，适合通过任务驱动和实践

操作的方式进行教学。学生对区域经济发展有一定的了解，但需要进一步引导其深刻认识区域地形对经济活动的影响。

（二）教学目标

1.知识与技能目标

（1）了解 GIS 软件的基本概念和应用功能。

（2）掌握如何利用 GIS 软件加载地形图和经济活动分布图，并进行叠加分析。

（3）学会通过 GIS 软件分析地形对农业和工业分布的影响。

2.过程与方法目标

（1）通过实践操作培养学生获取地理数据、分析空间关系的能力。

（2）引导学生利用 GIS 软件完成地形与经济活动的关联分析，提升学生的综合分析能力与问题解决能力。

（3）通过团队合作完成区域案例分析，增强学生的协作与表达能力。

3.情感、态度与价值观目标

（1）培养学生对地形对区域经济发展影响的关注，加深学生对地理环境的整体性认知。

（2）激发学生对 GIS 软件的学习兴趣，增强学生对地理学科的学习动力。

（3）引导学生关注区域自然环境与经济发展的协调关系，树立可持续发展的价值观。

（三）教学准备

1.技术工具

（1）软件准备，如 ArcGIS、QGIS 等。

（2）目标区域的数字地形图和经济活动分布数据，如农业用地分布图、工业园区分布图等。

（3）多媒体设备及 GIS 软件操作指导资料。

2. 教学材料

（1）目标区域的地形数据，如等高线图、数字高程模型。

（2）农业种植区、工业园区等经济活动分布图。

（3）区域基本背景信息，如气候、人口、交通等。

（四）教学过程

1. 导入环节

（1）通过展示区域地形图与经济活动分布图，提出问题："为什么农业和工业在不同地形区域分布各异？"引导学生思考地形与经济活动的关系。

（2）简要介绍 GIS 软件的基本功能及在地形与经济活动分析中的应用。

2. 理论讲解

（1）讲解 GIS 软件的基本概念及核心功能，包括数据加载、叠加分析、专题图制作等。

（2）说明地形特征对农业和工业分布的影响规律。

（3）介绍目标区域的背景信息，如地形特点、主要经济活动等。

3. 实践操作

（1）任务一。加载目标区域的地形图与经济活动分布图。

（2）任务二。通过叠加分析功能，观察农业种植区与地形类型的关系，制作农业分布专题图。

（3）任务三。分析工业园区的分布特点，结合地形图讨论地形对工业选址的影响。

（4）任务四。学生分组讨论地形对农业和工业的影响，并完成简短的分析报告。

4.课堂讨论

学生小组汇报分析结果，重点讨论以下问题。

（1）区域地形对农业分布的主要影响因素有哪些？

（2）工业园区的选址为何多集中在平原和交通便利的区域？

（3）如何协调区域地形特点与经济发展的关系？

教师点评学生的汇报，并进一步引导学生总结地形对经济活动的空间约束影响和发展潜力。

5.总结提升

（1）教师总结 GIS 软件在地理教学中的重要作用。

（2）强调地形分析与经济发展的关联性，鼓励学生思考自然环境与人类活动的协调发展。

（3）鼓励学生利用 GIS 软件探究其他区域的地理问题，进一步激发学生的学习兴趣。

（五）延伸活动

学生可以利用 GIS 软件分析地形对家乡发展的影响，进一步提升实践应用能力，增强对家乡的认同感。

参考文献

[1] 李治洪，段玉山，于慧颖，等.地理信息技术基础教程 [M].北京：高等教育出版社，2005.

[2] 付德晶，赵瑜，杨桂冰.信息技术与课程教学的融合 [M].西安：陕西科学技术出版社，2021.

[3] 曹阳.信息技术促进高校课堂教学转型研究 [M].武汉：湖北科学技术出版社，2022.

[4] 钱峰.信息技术与课程整合 [M].南昌：江西高校出版社，2019.

[5] 徐燕，伏振兴，李兆义.信息技术与现代教育手段 [M].银川：阳光出版社，2018.

[6] 马随芝.信息技术支持下的教与学 [M].长春：吉林出版集团股份有限公司，2021.

[7] 沈丹丹.智慧教育背景下的信息技术应用研究 [M].武汉：华中科技大学出版社，2022.

[8] 段玉山.GIS 辅助地理教学经典案例 [M].长沙：湖南教育出版社，2016.

[9] 潘燕芳，王庆光，邹远胜.地理信息系统技术 [M].北京：中国水利水电出版社，2020.

[10] 陈实.信息技术与中学地理教学的融合与创新 [M].武汉：华中师范大学出版社，2020.

[11] 贺立路.教学设计与案例：信息技术与学科课程整合优秀成果 [M].沈阳：沈阳出版社，2018.

[12] 袁秀利，郭广丰.中小学教师信息技术应用能力提升教程 [M].北京：中国轻工业出版社，2016.

[13] 孙汉群.地理信息技术与地理教学的整合 [M].南京：江苏人民出版社，2013.

[14] 常德娥，吴春华，张金兰.地理信息技术及其应用 [M].成都：西南交通大学出版社，2023.

[15] 欧阳思聪.信息技术与学科深度融合方案和实践路径研究 [M].福州：福建教育出版社，2023.

[16] 王旭卿，刘家春，陈勇.信息技术教育应用技能 [M].上海：上海教育出版社，2012.

[17] 北京市昌平区教师进修学校.深化教学方式改革与信息技术科学应用 [M].北京：北京出版社，2012.

[18] 郭刚山，支梅.信息技术与学科教学有效整合的实践研究 [M].北京：北京出版社，2009.

[19] 吴涛，李凤全，陈梅花，等.地理信息科学实践应用教学案例 [M].武汉：武汉大学出版社，2021.

[20] 林庆安.基于学科核心素养的高中地理教学设计 [M].芜湖：安徽师范大学出版社，2022.

[21] 北京教育科学研究院基础教育教学研究中心.信息技术与学科教学整合研究：信息技术与学生学习方式转变 [M].北京：首都师范大学出版社，2005.

[22] 彭立.信息技术与中学学科教学：历史·地理·生物 [M].长春：东北师范大学出版社，2004.

[23] 马驰，杨蕾，唐均.地理信息系统原理与应用 [M].武汉：武汉大学出版社，

2012.

[24] 侯彩敏.改革视域下中学地理教育教学研究[M].延吉：延边大学出版社，
2020.

[25] 杨宗凯，刘建清.信息化环境下教学创新研究与实践[M].武汉：华中师
范大学出版社，2012.

[26] 丁革建.多媒体素材采集与制作[M].北京：高等教育出版社，2000.

[27] 梅全雄.计算机辅助教学与多媒体课件制作[M].武汉：华中师范大学出
版社，2004.

[28] 刘志华，于文，王丽珍，等.多媒体课件设计与制作基础[M].北京：高
等教育出版社，2004.

[29] 北京未来新世纪教育科学研究所.多媒体辅助教学实践[M].呼和浩特：
远方出版社，2006.

[30] 汤燕瑜.现代教育技术与多媒体外语教学[M].苏州：苏州大学出版社，
2011.

[31] 常国锋.计算机辅助教学理论与实践[M].天津：天津科学技术出版社，
2017.

[32] 迟永芳，付兴宏.高校网络辅助教学与教学评价研究[M].北京：中国商
务出版社，2017.

[33] 姚奇富.网络辅助教学理论与设计[M].杭州：浙江大学出版社，2006.

[34] 胡家齐.GIS空间分析在高中地理教学中的应用：以城镇化为例[J].科学
咨询（教育科研），2024（11）：236-239.

[35] 简太敏.信息技术在地理教学中的应用策略研究[J].宁夏师范学院学报，

2024，45（11）：97-103.

[36] 林艺明．新课标下高中地理教学与信息技术的融合策略研究 [J]. 国家通用语言文字教学与研究，2024（10）：60-62.

[37] 朴香花，李京子．地理信息技术在高中地理教学中的应用 [J]. 中国教育技术装备，2024（19）：24-26，34.

[38] 王升富，王亭婷．基于信息技术发展的地理教学方法创新探索 [J]. 中学地理教学参考，2024（25）：82-83.

[39] 郑杰文，广少奎．挑战机遇与技术突破：地理信息化课堂教学的优化路径 [J]. 中学地理教学参考，2024（23）：27-32，36.

[40] 庆璠成．核心素养下信息技术与初中地理教学的融合分析 [J]. 中国新通信，2024，26（15）：199-201.

[41] 冯妮妮．智慧教育平台在初中地理教学中的应用研究 [J]. 中国新通信，2024，26（14）：239-241.

[42] 肖丽梅，冯冰，李诗涵，等．人工智能时代中学地理教学的机遇、挑战与进路 [J]. 地理教育，2024（6）：7-10.

[43] 梅惠，马传香，孙习林，等．数字化融入中学地理教学的原理及实践方向 [J]. 中学地理教学参考，2024（16）：10-13.

[44] 董国强．新课改下信息化教学在初中地理教学中的实践 [J]. 中国新通信，2024，26（10）：230-232.

[45] 张子琦．教育信息化背景下初中地理教学方式转变的探究 [J]. 中国新通信，2024，26（8）：230-232.

[46] 陈秀丽．地理信息技术在学校教育管理中的辅助作用及发展前景 [J]. 中

学地理教学参考，2024（4）：84.

[47] 袁睿.地理信息技术在中学地理教学中的应用 [J].科教导刊，2023（34）：
143-145.

[48] 素南仁欠.信息技术与高中地理深度融合教学模式探究 [J].中国新通信，
2023，25（21）：236-238.

[49] 边蜀刚.信息技术助力地理教学创新发展的策略研究 [J].中学地理教学
参考，2023（28）：84.

[50] 柳军.信息技术支持下的地理智慧课堂模式构建 [J].中学地理教学参考，
2023（27）：86.

[51] 王体娟.多媒体教育技术辅助高中地理学科教学的实践探索 [J].数据，
2022（6）：150-152.

[52] 熊山，李忠武.多媒体辅助教学中高中地理板书设计研究 [J].中学地理
教学参考，2021（12）：40-41，44.

[53] 张彩凤，王巨媛，陈杰，等.多媒体辅助教学的利弊分析及改进策略研究 [J].
中学地理教学参考，2019（24）：23-25.

[54] 王圆，吕智涵，韩勇，等.基于网络的 GIS 辅助地理教学研究 [J].中国
新技术新产品，2008（16）：189-190.

[55] 王成如.网络辅助地理教学的模式探究 [J].宁波大学学报（教育科学版），
2008（3）：101-103.

[56] 朱俊彬.地理网络教学中教师指导作用初探 [J].地理教学，2005（7）：
35-37.

[57] 田文娟.运用网络信息辅助地理教学 [J].地理教学，2000（2）：32-33.

[58] 靳晴文,龙奕洁,宋波.地理信息技术辅助高中地理"城镇化"教学设计 [J].中学地理教学参考，2024（25）：57–59.

[59] 乔文浩，张辰杰，胡小丫，等.GIS 在地理教学中使用态度的调查研究 [J].科学咨询（教育科研），2023（3）：190–192.

[60] 白尖措.基于多媒体的高中地理教学资源库构思及辅助教学设计 [D].西宁：青海师范大学，2023.

[61] 任苏芹.多媒体辅助下的高中地理情境教学研究 [D].聊城：聊城大学，2018.

[62] 陈克梅.GIS 辅助初中乡土地理教学案例设计与实施：以六盘水市为例 [D].贵阳：贵州师范大学，2023.

[63] 肖丽.WebGIS 在高中地理教学中的应用研究 [D].贵阳：贵州师范大学，2023.

[64] 徐跃辉.WebGIS 辅助高中地理问题式教学的研究 [D].福州：福建师范大学，2022.

[65] 张莹莹.地理信息技术辅助高中地理自然灾害教学研究 [D].石家庄：河北师范大学，2021.

[66] 姜江英.GIS 在高中地理重难点教学中的应用研究 [D].贵阳：贵州师范大学，2021.

[67] 高罗兰.GIS 辅助中学地理问题式教学探究 [D].武汉：华中师范大学，2020.

[68] 罗旭琴.地理信息技术在高中区域地理教学中的应用实践 [D].贵阳：贵州师范大学，2019.

[69] 白茹雪．GIS 技术辅助高中区域地理教学案例设计：以人教版高中《地理 3》为例 [D]．呼和浩特：内蒙古师范大学，2018.

[70] 张欢．GIS 辅助高中人文地理教学研究：以人教版地理必修 2 为例 [D]．南昌：江西师范大学，2016.

[71] 匡明凤．基于 GIS 技术辅助地理知识形象化教学的应用研究 [D]．长春：东北师范大学，2014.

[72] 王天琦．遥感图像在高中地理教学中的应用研究 [D]．聊城：聊城大学，2023.

[73] 韩倩倩．基于遥感图像的地貌教学辅助方法研究 [D]．杭州：杭州师范大学，2016.